I'm Waiting For You
To Call My Name.

mellow

06. What's Your Name

네가 내 이름을 불러주길 기다리고 있어

GREETING

힘찬 울음 소리, 생명의 탄생을 알리는 소리가 들리면 하나 같이 설레는 표정을 한 부부들이 작명소를 찾는다. 좋은 뜻을 가진 여러 개의 한자를 놓고 한참을 고민하던 그들은 마침내 행복하고 건강하기를 바라는 염원이 담긴 세 글자를 완성한다. 그렇게 산부인과 근처 작명소에서 시작된 이름은 유치원 가방과 고등학교 입학원서를 거쳐 회사의 명함에 짙게 새겨진다.

"이름에 담긴 뜻이 뭐에요?" Vol.6 인터뷰를 하며 가장 많이 던진 질문이다. 이야기를 한 데 모으니 멜로우한 삶을 사는 강아지 '멜로우'부터 종로를 지키는 '두한이', '집사'라는 이름의 고양이까지. 저마다의 사연과 더불어 이름표의 빈칸을 가득 채우고 있었다. 비로소 가족이 되고, 아직은 모든 게 낯선 그들의 순수한 눈망울을 바라보며 누구보다 좋은 이름을 지어주겠노라 고민한 그 때처럼, 온 마음을 다해 아이들의 이름을 불러보자. 그 순간 재빠른 몸짓과 함께 발을 구르며 눈 앞으로 달려와 꽃 같은 미소로 우리 마음을 흔들어 놓을 테니.

편집장 **조문주**

My Name Is

ONE MELLOW DAY

글·사진 Monica Lin @hello_mellow_corgi | 에디터 박근은

어느 멜로우한 하루

안녕하세요. 한국의 〈멜로우〉 매거진입니다. 호주를 말랑하게 녹이고 있는 강아지 '멜로우' 소식을 듣고 찾아왔어요 (웃음).
반가워요. 멜로우는 2020년 3월 2일에 태어난 웰시코기예요. 저와 남편, 그리고 장난기 가득한 멜로우가 호주 멜버른에 있는 아늑한 집에서 함께 생활하고 있어요.

멜로우를 만난 계기가 특별하다고 들었어요. 어떻게 만나게 되었나요?
저와 남편은 결혼하기 전부터 결혼을 하면 꼭 강아지를 입양하려고 생각하고 있었어요. 그런데 코로나 사태가 터져버렸죠. 2020년에 결혼하기로 예정되어 있었는데 결혼식

이 무기한 연기되어 버렸어요. 아마 한국에도 그런 분들 많으실 거예요. 삶이 다시 밝아질 날을 기다리며, 강아지를 먼저 입양하기로 결심했어요. 그런데 참 아이러니하게도 이번에는 코로나 덕분에(?) 멜로우를 만날 수 있었어요. 아기 강아지였던 멜로우는 저희 집에 오기로 결정되기 전에, 호주 남부에 있는 한 가정에 입양될 예정이었는데요. 코로나로 인해 비행기를 통한 이동이 제한되면서 입양이 취소되고 저희 집에 오게 되었죠. 처음 멜버른 공항에서 멜로우를 만났는데요. 당시 멜로우는 알감자만큼이나 작았지만 (웃음) 그때도 기쁨 그 자체였어요. 그날부터 우리 가족의 삶은 매일매일 밝아졌어요.

두 사람의 사랑의 결실이 멜로우라고 할 수 있겠어요.
처음 멜로우 사진을 봤을 때 "복슬복슬한 마시멜로같아…"
라고 말했던 기억이 나요. 멜로우를 집으로 데려온 후, 저
희 부부는 이 사랑스럽고 장난끼 많은 강아지를 '마시멜로'
라고 불렀는데요. 점점 마시멜로를 줄여 '멜로우'라는 별칭
으로 부르게 됐어요. 제 남편은 항상 이 이름이 성격과 완
벽하게 어울리거나, 혹은 정반대의 의미를 가질 거라며 농
담을 하곤 해요. 밖으로 알려진 멜로우의 성격은 굉장히 부
드럽고 사랑스러운 아이지만, 사실 집 안에서는 굉장히 건
방지기가 짝이 없거든요(웃음)!

한국에는 '이름 대로 산다'는 말이 있어요. 멜로우는 이름처
럼 늘 순수하고 환한 미소로 모두에게 행복과 즐거움을 선
사하고 있네요.
멜로우는 새로운 사람과 새로운 강아지를 만나는 걸 정말
좋아해요. 산책할 때 만나는 모두를 반겨야 하죠. 여러 가
지 멜로우 만의 '반기기' 방법이 있는데요. 인사하고 싶은
사람이 있는 곳을 향해 뛰어가거나, 길 한복판에서 걸음을
멈추거나, 혹은 그분께 다가가자며 리드 줄을 잡고 있는 저
를 재촉하기도 해요. 그분과 우리 사이에 건너야 하는 횡단
보도가 있어도 예외는 없어요. 한 번은 멜로우가 어떤 사람
들이 모여 있는 무리에 다가간 적이 있는데, 그분들이 한창

대화 중이신지라 관심을 주지 않은 적이 있어요. 멜로우는 근처에서 거의 자기 몸 만한 막대기를 찾아내 입에 물고 다시 그 무리 가운데로 들어갔죠. 그리고는 자랑스럽게 그들을 올려다 보며 새로 찾은 장난감을 과시하고 매력을 발산했어요. 당연히 관심을 끌 수 있었고요. 덤으로 충분한 칭찬과 사랑도 받아냈답니다. 정말 못 말리는 강아지예요.

저도 길을 걷다 멜로우를 만날 수 있으면 좋겠네요(웃음). 동네 주민들도 멜로우의 매력에 빠져버렸다는 소문이 자자해요.
멜로우는 산책 시간이 언제인지 정확히 알고 있어요. 저와

남편이 "멜로우, 산책할 준비가 됐니?" 하고 물어보면, 그때마다 멜로우는 장난감이나 개껌을 입에 물고 신난 엉덩이로 온 집안을 바쁘게 쏘다니곤 해요. 그렇게 신난 마음으로 집 밖을 나서면, 이전에 말씀드렸던 멜로우의 트레이드 마크 '반기기'가 시작되죠. 산책길에서 만난 사람들은 대체로 멜로우의 사랑스러운 표정과 예쁜 털, 그리고 멋진 미소와 기다란 몸에 대해 이야기해요. 가끔씩은 이런 일도 있어요. 이웃들이 차를 차고 지나가다가 멜로우를 알아보고는 차에서 내리는 거죠. 그리고는 한참 예뻐해 주는 일도 종종 일어난답니다.

"TO US THE WORD 'MELLOW' MEANS LOVE, FAMILY, ENJOYING THE GOOD TIMES, AND A APPROACH TO LIFE THAT CONNECTS US AND BRINGS US CLOSER TOGETHER."

푸른 잔디밭 위를 뒹굴기도 하고, 아름다운 해변을 거닐기도 해요. 멜로우는 가족들과 자연을 즐길 때 가장 행복해 보여요.

함께 자연을 즐기는 시간을 만들려고 노력하고 있어요. 종종 차를 타고 해변으로 가기도 하죠. 멜로우는 차에 탈 때마다 즐겁고 새로운 장소에 간다는 걸 알고 있어서 차 타는 걸 좋아한답니다. 처음 바다에 갔을 때, 멜로우는 계속 해서 밀려오는 파도를 무서워했어요. 거부감과 불만이 가득한 목소리를 내더라고요. 수영하는 법을 알려주고 싶었지만 멜로우는 수영을 엄청나게 싫어했어요. 대신 모래사장에 구멍을 파면서 흙을 먹는 걸 즐겼죠(웃음). 또 모든 풍경과 소리, 여유로운 시간을 음미하는 것을 좋아했어요. 주변에 있는 모든 사람에게 관심을 가졌고, 조개껍질을 입에 물고 다니거나, 입에 물고 있던 조개껍질을 모래사장에 던지는 등의 놀이도 즐겼어요. 멜로우는 새로운 장난감을 들고 다니며 주변 사람들에게 보여주는 걸 자랑스러워하거든요.

멜로우와 많은 순간들을 함께하면서 특별한 감정을 느끼고 계신 것 같아요. 사진으로도 다양한 감정들이 전해져요.

일을 끝내고 빨리 집에 돌아오고 싶은 이유는 멜로우예요. 저희는 이 아이를 너무나 사랑하고, 멜로우도 저희와 함께 시간을 보내는 것을 행복해해요. 반려견과 산다는 건 책임감을 동반하는 어려운 일일 수 있어요. 항상 안전한지, 사고가 날 위험 요소가 없는지 확인하고, 보살핌에 부족함이 없는지, 충분한 관심을 받고 충분히 운동하고 있는지 확인해

야 하죠. 그래서 저희 부부끼리 장난으로 멜로우를 '푹신푹신한 작은 짐'이라고 부르기도 해요(웃음). 이 푹신푹신한 작은 짐과 함께 보내는 특별한 순간순간을 기억하고, 그 순간을 더욱 특별하게 만들기 위해 항상 노력하고 있답니다.

이름을 지어주고 가족이 된다는 건 굉장한 일이에요. 진심과 정성이 들어기기도 하고요. 멜로우라는 이름에는 어떤 의미를 담으셨나요?

아이를 처음 만나고 작은 웰시코기의 이름을 멜로우로 지었을 때, 이 이름의 결말은 확실히 둘 중 하나일 것을 알고 있었어요. 성격과 딱 맞는 완벽한 이름이 될 것인지, 혹은 완벽하게 아이러니한 이름으로 남을 것인지 말이에요(웃음). 멜로우라는 이름을 생각했을 때 가장 먼저 떠오르는 것은 '행복과 사랑이 담긴 구름'이에요. 멜로우는 우리 부부를 더욱 가깝게 만들어주었고, 삶을 웃음과 행복으로 가득 채워주었어요. 많은 행복을 가져다줬을 뿐만 아니라 저희를 한층 더 사회적이고, 배려하고, 책임감 있는 사람으로 성장할 수 있게 해줬죠.

멜로우의 가족이 정의하는 'mellow'는 어떤 의미일까요?

저희 가족에게 '멜로우'란 어렵고 힘든 시기에 가족으로서 소중한 순간을 함께 나누는 것을 의미해요. 시간이 지나며 멜로우는 단순히 단어에 그치지 않은 하나의 삶의 방식이 되었어요. 모든 순간을 소중히 여기고, 새로운 추억을 만들어 나가고, 함께 성장하는 삶의 방식이요.

16/17

SMALL
BUT
CERTAIN
HAPPINESS

글·사진 백인호 @justjeju | 에디터 박조은

하루키의 작지만 확실한 행복

그렇다. 나는 어느 날 문득 긴 여행을 떠나고 싶어 졌던
것이다. 그것은 여행을 떠날 이유로는 이상적인 것이었다
고 생각된다. 간단하면서도 충분히 설득력이 있다.
—무라카미 하루키, 『먼 북소리』, 문학사상, 2004

**청년 농부 백인호님과 반려견 하루키, 반갑습니다. 강아지
가 소설가의 이름을 가지고 있네요.**
제주에서 당근 농사를 하고 있는 3년차 농부 백인호입니
다. 제주 제철 농산물을 소개하는 〈그저제주〉라는 브랜드
를 운영하고 있습니다. 그저제주 홍보 1팀에서 일하고 있
는 유일한 직원이자 반려견인 하루키와 지내고 있지요. 하
루키는 호기심이 많지만 동시에 조심성도 많고, 말을 잘 안
듣는 것 같지만 문제를 일으키지는 않는, 똑똑하고 애교도
많은 강아지입니다.

무라카미 하루키를 좋아하시나 봐요!
무라카미 하루키 작가의 『라오스에 대체 뭐가 있는데요?』
라는 여행 에세이를 읽고 그의 라이프 스타일과 취향, 그
리고 자유롭게 여행을 하듯 살아가는 삶을 동경하게 되었
습니다. 그때부터 그가 쓴 책들을 모으기 시작했고, 해외에
가면 꼭 시간을 내서 그 나라 언어로 된 하루키의 책을 구
매합니다.
저는 틈만 나면 여행을 다니고, 매년 공휴일 스케줄을 확인
하고 항공권을 1년 전에 미리 예약해둘 정도로 여행을 좋
아하는데요. 여행을 다닐 때마다 하루키의 『먼 북소리』『나

는 여행기를 이렇게 쓴다』와 같은 여행 에세이를 들고 다
니면서 틈틈이 읽어요. 그때마다 나의 여행도 사람들이 읽
어 보고 싶은 글로 남길 수 있으면 좋겠다고 생각해요. 하
지만 곧 포기하고 그냥 하루키가 여행 에세이를 많이 써주
길 바라곤 합니다(웃음).

'인생이란 그런 거야'나, '그게 어쩌다는 거냐' 하는 말은
인생에 있어 두 개의 중대한 '키워드key word'다. 체험적으
로 말해서 이 두 개의 말만 머릿속에 잘 아로새겨 두면 대
개의 인생 국면은 큰 탈없이 무난히 넘길 수 있다.
—무라카미 하루키, 『작지만 확실한 행복』, 문학사상, 2001

**몇 년 전, 제주도로 내려가셔서 청년 농부로 생활하고 계시
잖아요. 하루키처럼 살고 싶어서 내려가신 거예요?**
제주도로 내려오기 전, 한 회사에서 10년 가까이 일하면서
많은 고민을 했어요. 나의 가치에 대한 고민과 뻔하게 그려
지는 미래에 대한 두려움이 컸죠. 육체적, 정신적으로 번아
웃이 오면서 회사를 그만두고 지금 가장 하고 싶은 것을 해
보자는 생각을 했어요. 퇴사를 하고 바로 산티아고 순례길
로 떠났습니다.
이후 1년 간 세계 여행을 했어요. 여행하는 동안 여행이 끝
나면 무얼 할까 고민을 많이 했어요. 서울에서는 살 만큼
살아 봤으니 이제는 내가 좋아하는 곳에서 살아보자는 생
각이 들어 고민없이 제주도를 선택했습니다. 제주도로 귀
농해 당근 농사를 하는 아는 형의 농장에서 첫 농사일을 시

작했어요. 조금씩 농사일을 배워갔고 그러다 보니 어느새 내 밭이 생기고 나만의 브랜드가 생겼죠.

제주도에서 새로운 가족도 만나셨어요. 반려견 하루키를 처음 만났을 때의 이야기를 들려주실 수 있나요?
제주도로 내려와서 지금까지 살고 있는 집은 제주도 구옥 인데요. 집 앞에 작은 마당이 있어요. 조금만 걸어 나가면 해변 산책길이 있고요. 워낙 강아지와 살기 좋은 조건이라 반려견을 들이고 싶다는 생각은 계속했었습니다. 하지만 한 생명을 책임지는 것이 쉬운 일은 아니라는 걸 알았기 때 문에 1년 정도 계속 고민만 했어요. 그러던 어느 날, 근처 농가에서 강아지가 아기를 낳았다는 연락을 받고 구경을 갔다가, 거기서 강아지 집에 있던 열 몇 마리의 아기 강아 지를 만나게 되었죠. 그중 가장 먼저 나와서 꼬리를 흔들면

서 절 반겨 준 게 바로 하루키예요. 그때 가족이 되기로 마 음 먹었어요.
처음 하루키가 집에 온 날, 강아지를 직접 데려온 건 처음 이라 어떤 물건들이 필요한지 잘 몰랐어요. 차 안에서 급하 게 이것저것 검색해보고 필요한 물건들을 사왔죠. 방석 위 에서 곤히 잠든 아기 강아지를 바라보면서 '하, 이제 어떡 하지?'라고 생각했던 기억이 나네요(웃음).

아기 진돗개에게 소설가의 이름을 붙인 이유가 궁금해요.
하루키를 데리고 오기 전부터 '만약 강아지와 살게 된다면 어떻게 지내게 될까?'에 대해서 상상해봤어요. 친구처럼 지내고 같이 여행도 하고 매일 산책하고 좋아하는 것들을 나누면서 지내고 싶다는 생각이 들었어요. 그런 생각을 하 다가 하루키라는 이름이 자연스럽게 떠올랐습니다. 그의

에세이는 자기가 좋아하는 소소한 일들을 하며 살아가는 내용이 주로 담기거든요.

철썩 하고 파도가 밀려왔다가 쏴아 하고 밀려나간다. 조개나 다시마 등이 물가에 흩어져 있다. 해안을 산책하는 개도 어딘지 모르게 `씩씩한 느낌이 든다. 이런 곳에서 뒹굴고 있으면, `정말 바다로 구나!`하는 느낌이 마음속으로부터 불끈 솟아오른다.

—무라카미 하루키, 『작지만 확실한 행복』, 문학사상, 2001

정말 행복해 보여요. 제주에서 어떤 하루 하루를 보내고 계신지 궁금해요.

농부라는 직업의 특성상 그날그날 하는 일이 다르고 스케줄도 다르기 때문에 정해진 일상은 거의 없어요. 낮에는 하루키를 차에 태우고 밭에 가거나 하루키랑 갈 수 있는 공간을 찾아가요. 저녁을 먹고 나서는 공원에 가서 야간 산책을 하고 하루를 마무리합니다. 그날 산책 거리가 충분했고 밭에서 충분히 뛰어놀았는 지는 하루키가 바로 꿀잠에 드냐 아니냐로 짐작해볼 수 있죠.

다만 아침에 별 스케줄이 없으면 눈을 뜨자마자 함께 바닷가를 산책해요. 지금 살고 있는 집이 바다 바로 앞에 있는데요. 해변 옆을 걸을 수 있는 5km 정도 길이의 산책길이 있거든요. 같은 바닷길을 반복해서 걸어도 지겹지는 않아요. 오히려 매일 바뀌는 날씨와 냄새, 하늘의 색깔을 즐기면서 산책합니다.

산책할 때 어떤 특정한 생각을 하지는 않아요. 하루키가 산책하면서 배변을 하기 때문에, 문제가 되지 않는 곳에서 배변을 하도록 신경을 쓰는 것 정도가 전부인 단순한 시간이

에요. 사람이 많이 다니지 않고 하루키도 위험하지 않을 것 같은 곳(주로 제 밭이죠)에서는 가끔 자유롭게 뛰어다니고 냄새를 맡을 수 있도록 풀어 둡니다. 그때를 가장 좋아하는 것 같습니다.

하루키는 음식을 소중히 생각하는 작가로 유명한데요. 반려견 하루키도 식도락을 즐기고 있는 것 같아요.

수확철이 오면 하루키는 당근과 농산물을 자유롭게 먹을 수 있어요. 하루키가 얼마나 잘 먹어주는지가 그 해 농산물의 퀄리티를 확인할 수 있는 하나의 기준이 되곤 해요. 특히 당근 수확철이 되면 하루키는 앞발로 당근을 야무지게 잡고 먹고는 야무지게 당근 똥을 싸고요. 당근 농부의 강아지 답죠?

농사를 하다 보면 먹는 데는 문제없지만 판매를 할 수 없는 상품이 나와요. 모양이 이상하거나, 모서리가 살짝 갈라졌

거나, 사이즈가 조금 작은 채소들이요. 이것들을 어떻게 활용할 수 있을까 고민을 하다가 근처의 수제 애견간식 브랜드를 찾아서 제 당근으로 만든 제품 제작을 요청 드렸어요. '당근 우유껌' '제주농산물 테린' '야채칩' 등을 제작하여 판매했어요. 이렇게 만든 수제 간식도 당연히 하루키가 맛있게 먹어줬고요. 올해는 제작해 주셨던 분이 임신 중이셔서 진행을 못하고 있네요.

막 구운 따끈한 빵을 손으로 뜯어먹는 것, 오후의 햇빛이 나뭇잎 그림자를 그리는 걸 바라보며 브람스의 실내악을 듣는 것, 서랍 안에 반듯하게 접어 넣은 속옷이 잔뜩 쌓여 있는 것.
—무라카미 하루키, 『랑겔한스 섬의 오후』, 백암, 1994

'아름다운 순간이 기념할 만한 특별함이 아니라 일상이 되

어 좋다'고 하셨어요. 하루키와 살아가는 하루하루는 작가님에게 어떤 의미인가요?

보통의 가족이 그렇듯 특별한 순간이 많지는 않아요. 대신 하루키가 사료나 간식을 먹으며 쩝쩝 거리는 모습을 바라보며 흐뭇해 하고, 달리고 싶어 할 때 함께 달리고, 배변을 할 때 같이 시원해 하는(?) 특별하진 않지만 행복한 순간들이 쌓여 갈 뿐이죠. 제가 뭘 좋아하는지 그리고 하루키가 무엇을 좋아하는지 천천히 알아가는 중인 것 같아요. 시간이 하루하루 지날수록 서로를 알아가게 되고 그만큼 서로에게 맞춰져요. 그렇게 찾아낸 순간들을 오래 즐기기 위해 상황을 만들어 가고, 조금씩 함께하는 삶을 만들어 가는 그 과정을 즐기고 있습니다. 하루키는 점점 더 저의 한부분이 되어 가네요.

시간이 지날수록 맛과 향이 깊어지는 와인이나, 손때가 묻을수록 멋이 드는 그런 가구들처럼 저와 하루키의 관계도 조금씩 익어가고, 또 깊어지고 있는데요. 앞으로도 주인과 강아지의 관계라기보다 같이 살아가는 룸메이트처럼 지내고 싶어요. 이런 일상들이 오래오래 계속되었으면 좋겠다는 생각을 합니다.

하루키는 이름처럼 살아가고 있나요?

딱히 하루키라는 이름처럼 살기 위해 노력하지는 않아요. 제가 제 자신을 더 잘 알아가고 더 제 자신으로 살아가고 싶어 하듯, 하루키도 강아지 하루키로서 더 행복하게 살아가길 바랍니다.

野犬時代

글·사진 윤경민 @jongro_doohan | 에디터 박재림

나는 종로의 김두한이다

대한민국 수도 서울의 '심장' 종로(鐘路)구. 조선시대부터 정치사회 문화 중심부로 빛난 이곳을 제 집 안방처럼 당당하게 누비는 존재가 있다. 이곳저곳 '영역표시' 중인 그의 이름을 알게 되면 백이면 백, 화들짝 놀라고야 만다. 그리고 깍듯하게 인사를 올리지 않을 수 없다.
"종로대장 형님, 안녕하십니까!"

목에 걸린 이름표를 보고 저도 모르게 눈을 피했습니다. 처, 처음 뵙겠습니다, 두한이 행님.

안녕하세요. '김두한' 행님을 모시는 윤경민입니다. 2020년 3월, 정확히 3년 전부터 두한이와 종로를 접수 중이지요(웃음). 3살 반 정도로 추정되는 두한이는 사랑스런 '조선테리어'종으로, 대형견의 머리 크기와 발 사이즈, 중형견의 허리 길이, 소형견의 다리 길이를 겸비한 하이브리드 비주얼이 매력 포인트입니다.

과거 두한이는 천안에서 구조된 떠돌이 강아지였다고 해요. 임시보호를 하신 분이 입양 홍보를 하셨고, 그걸 본 저는 무언가에 홀린 듯 이틀 만에 입양 절차를 밟았지요. 독립하기 전, 본가에서 반려견을 키운 경험이 있어서 비교적 고민의 시간이 짧았던 것 같아요.

두한이는 이름처럼 두려운 게 별로 없는 강아지입니다. 엘리베이터나 자동차를 처음 탈 때 무서워하는 개가 많다는데 두한이는 전혀 그렇지 않았죠. 천둥번개가 심하게 칠 때도, 청소기를 돌릴 때도 태연하게 사료를 까도독까도독 씹는 사나이입니다. 또 주로 실외 배변을 하는 아이라 아침에 눈 뜨자마자 집을 나서 종로 땅에 영역표시(?)를 한답니다.

강아지 이름으로는 다소 생소하지만, 이곳 종로와는 너무나도 잘 어울리는 이름이에요.

임보 시절 이름인 '용식'이도 잘 어울렸지만, 저와 함께 새로운 견생을 시작하는 만큼 새로운 이름을 지어주고 싶었어요. 가장 먼저 떠오른 후보가 김두한이었죠. 제가 사는 곳이 종로구여서, 과거 이곳을 평정했다는 김두한의 이미지가 강렬하게 떠올랐어요. 어릴 적 부모님과 TV로 영화 〈장군의 아들〉과 드라마 〈야인시대〉를 보기도 했거든요. 야인시대 주제가를 따라 부른 기억도 있죠. 제 성을 붙인 '윤두한'은 느낌이 살지 않아서 '윤 김두한'으로 짓고 종로에서 귀여움으로 1등 먹으라는 의미, 또 아프지 말고 강한 사나이로 자라달라는 바람을 담았어요. 두한이 동생을 들이면 '하야시'라고 부를까 생각한 적도 있습니다(웃음).

종로는 어떤 곳인가요?

부산 출신인 제가 2016년 직장 때문에 새롭게 둥지를 튼 곳이 종로구(익선동)에요. 햇수로 8년째 살고 있는데 매력이 넘치죠. 번화하고 세련된 강남 같은 느낌은 없지만, 마음의 안정을 주는 곳이랄까요? 삼청동, 계동은 산책의 여유를 즐기기 좋아요. 북촌, 인사동에선 다양한 문화행사가 열리고요. '레트로'와 '힙'이 공존하는 곳이 종로라고 생각해요. 주말이면 외국인도 많이 보여서 해외여행 기분도 느낄 수 있어요.

두한이를 만난 뒤로는 강아지와 같이 갈 수 있는 공간이 눈에 들어오더라고요. 1년 전 운전면허를 따기 전까지는 걸어서도 갈 수 있는 동네에서 주로 놀았거든요. 산책 코스, 반려견 동반 식당과 카페를 많이 발굴했어요. 두한이와 함께 길거리 국악 공연을 본 기억도 있습니다.

제가 잡생각이 많고 심각한 길치라 어디에 뭐가 있는지 관심을 두지 않고 기억도 잘 못하는 편이었는데, 두한이와 함께한 뒤로는 관찰력이 좋아진 것 같아요. 덕분에 예쁜 우리 동네를 더 자세히 들여다보며 지내고 있어요.

두한이가 점령한 산책 코스는 어디인가요? 종로 곳곳을 '바람처럼 스쳐가는' 두한이가 사람들의 시선을 끌 것 같습니다.

저희는 열린송현녹지광장, 현대미술관 근처, 청와대 앞 돌담길, 삼청공원, 계동, 종묘 앞 공원에서 주로 산책을 해요. 행인 분들이 우리 강아지의 이름을 알게 되면 재밌어 하세요. 특히 중노년 어르신들의 반응이 폭발적(!)입니다. 드라마의 힘이 아닐까 싶어요. 20~30대는 웃고 지나가는 편인데, 40대 이상 분들은 꼭 한마디씩 하시거든요. "종로대장님 안녕하십니까" "종로주먹 반갑다" "시라소니는 어디 있니?" "너 아주 대단한 녀석이었구나"고들 하시면서…(웃

음). 두한이의 SNS 계정을 팔로잉하는 팬들도 '두한이 형님' 이라고 부르곤 해요.

그렇지만 두한이가 종로 거리에서 공격성을 보인 적은 한 번도 없어요. 다른 강아지와 길고양이를 만나면 호기심을 보이며 다가설 뿐이에요. 아, 그러고 보니 두한이만 보면 벌벌 떠는 존재가 있네요. 저희집 봉제인형들이요. 지금까지 물어뜯긴 인형이 한둘이 아니랍니다…. 두한이는 우드 스틱이나 터그놀이용 로프에는 별 관심이 없고 인형 해체 (?)에만 몰두해요. 봉제선을 이빨로 뜯고 인형 속 솜을 '푸 파푸파' 꺼내며 즐거워하죠(저는 혹시나 두한이가 솜을 삼킬까봐 항시대기하며 솜을 치우지요). 그런 두한이를 저는 '연쇄살인(형)마'라고 부릅니다. 인형 뿐 아니라 수면바지, 양말, 수건, 슬리퍼 등을 저 먼 곳으로 보냈답니다….

일제강점기 종로의 김두한은 한 방에 상대를 쓰러뜨린다 하여 '한 방'이라는 별명으로 불렸다죠. 강아지 두한이가 한

방에 사람들의 마음을 빼앗는 행동이나 애교가 있을까요?
소파에 등을 기대고 앉아있으면 두한이가 그리로 올라와 서 누워요. 그리곤 제 어깨 위로 턱을 살며시 올리는데 보 슬보슬한 털과 강아지 특유의 고소한 냄새, 따뜻한 콧김이 느껴질 때면 그 순간을 놓치기 싫어 한동안 움직일 수 없습 니다. 그런 상황이 흔치 않거든요. 또 가끔 아침에 눈 뜨자 마자 두한이가 제 침대로 올라와 '아기 짓' 같은 걸 할 때가 있어요. 배를 뒤집고 누워 만져달라는데 머리와 배를 쓰다 듬어주면 앞니로 제 손바닥을 살짝살짝 꼭꼭 씹으면서 꿍 얼꿍얼 소리를 내요. 그런 날은 하루 종일 기분이 좋아요. 너무 귀여운 두한이의 '한 방'이죠.

종로에 온 뒤 두한이의 견생은 어떻게 바뀌어 가고 나 요?
임보 시절과 달리 '외동'으로 살면서 자신감과 고집이 조금 붙었어요. 또 다른 반려인에 비해서 부족한 저를 '가족'으로

확실하게 받아들여준 것 같아요. 이곳 종로가 변한 것도 있습니다. 정확히 두한이가 온 뒤라고 할 수는 없지만 코로나 시대 이후 새로운 공원이 많이 생기고 기존 공원이 재정비된 곳도 많아서 훨씬 쾌적하게 동네 산책을 할 수 있어요. 펫프렌들리 카페 식당도 늘었구요. 이럴수록 저를 포함한 반려인의 펫티켓 준수가 중요하다고 생각합니다.

저도 변했어요. 본가에서 키운 강아지들과는 조금 다르게, 두한이는 오롯이 혼자 힘으로 책임지는 첫 반려견이라 책임감의 무게가 훨씬 무겁더라고요. 예전에는 친구들 만나고 여행 다니는 걸 좋아했는데, 지금은 두한이와 산책하고 두한이를 위해 무언가를 사는 것에서 가장 큰 만족감을 느껴요.

종종 동물을 함부로 대하거나 괜히 시비를 거는 사람을 마주칠 때가 있어요. 또 동물을 무서워하는 사람이 소리를 크게 지르거나 공격성을 보이는 다른 강아지를 만나서 두한이가 놀라서 도망가려는 경우도 있었죠. 그런 예상치 못한 변수가 너무 많다 보니, 평소 그냥 걷는 길도 두한이와 함께할 땐 여러 경우의 수를 미리 생각하고 긴장하게 됩니다. 그래서인지 아무 일도 일어나지 않는 무탈한 일상에 감사함을 자주 느끼는 것이 가장 큰 변화입니다.

종로를 평정한 두한이의 다음 행보가 궁금합니다.

운전면허가 없을 때, 반려견을 자가용에 태우고 여행 다니는 보호자를 보면 부러웠어요. 저와 두한이는 펫택시를 타고 가끔 떠날 뿐이었거든요. 우리 강아지 덕분에 미루고 미루던 운전면허 취득을 마침내 이뤘으니 앞으로는 두한이를 종로를 넘어 더 넓은 세상으로 '진출'시켜주고 싶습니다 (웃음).

ある日あなたと一緒に。

내겐 너무 '순덕'한 그녀

SHE IS
TOO MUCH
'SOON DUCK'
FOR ME

글·사진 심순희 @song_soon_duck | 에디터 박조은

#ENFP
SONG SOON DUCK

#INFJ
SIM BOM

이토록 '순덕'한

순수하고 인정이 두텁다… 공손하고 유순하다… 도덕책에 나올 법한
그 이름 '순덕'. 옛날 옛적 지어진 전래동화에 등장하는 조신한 공주님
에게 이름이 있다면 순덕이지 않을까? 언제나 말투와 몸가짐을 신경
쓰고, 무슨 일이 벌어져도 품위를 지키고, 결코 오버액션 하지 않는 우
아한 공주님 말이다.

**모니터로만 보던 순덕이를 드디어 만나게 되었네요. 순덕이네 가족의 유
쾌한 일상 덕분에 항상 웃고 있어요.**
안녕하세요. 저희는 반려견 봄이와 순덕이, 고양이 치케 그리고 올해 태어
난 아기와 살고 있는 '봄덕이네' 가족입니다. 저는 봄덕이네 가족의 엄마고
요. 순덕이는 올해 6살이 된 골든리트리버 개딸이죠(웃음).

**그 누구보다 순할 것 같은 이름을 가진 순덕이인데요. 그런데 이름과 행동
이 그렇게 일치하지는 않는다는 소문이…(웃음)**
순덕이는 정말… '자유로운 영혼' 그 자체라고 생각하시면 돼요. 도무지 무
슨 생각을 하고 있는 건지 종잡을 수가 없고 자기주장도 확실하죠. 몹시 활
동적이고요. 호기심도 많아요. 무엇보다 사랑하는 가족들과 함께할 때 세
상에서 제일 해맑은 말괄량이 공주님이랍니다.
순덕이라는 이름은 남편이 어린 시절에 본가에서 오랫동안 함께 살았던
반려견이 이름을 따와서 지은 이름이에요. 가족들의 사랑을 듬뿍 받으며
살던 아이였거든요. 순덕이도 그 아이처럼 오래오래 사랑받으며 살아가
길 바라는 마음으로 이름을 붙였다고 해요. 요즘은 남편의 성을 붙여 '송
순덕'이라고 부르고 있어요.

**그런 특유의 해맑은 성격으로 많은 분들께 사랑받고 있잖아요. 산책하던
순덕이가 갑자기 물에 뛰어들고, 그걸 지켜보던 보호자님이 한숨을 내쉬
는 영상을 보고 정말 크게 웃었어요. 그 영상 조회수가 200만 회를 넘었더
라고요. 관심을 많이 받는 만큼 재밌는 별명도 많이 생겼죠?**
순덕이에겐 많은 애칭이 있어요. 먼저 '흙개' '논트리버' '물덕이' '여름흙톤'
이 있는데요. 물에 뛰어들고, 흙에서 뒹구는 모습을 보고 팬들이 지어준 별
명이에요. 특히 '여름흙톤'은 더운 여름날 모래사장에서 뒹굴고 나서 얼굴
에 모래가 잔뜩 붙은 모습을 보고 팬들이 지어줬어요. 얼굴이 마치 흙으로 화
장을 한 것 같았거든요. 아무래도 순덕이의 퍼스널 컬러는 '흙톤'인가 봐요
(웃음). 또 리본 장식을 한 날, 새침한 표정을 짓는 순덕이에게 예쁜 연예인
언니들의 이름을 따서 '송제니' '송보영'이라는 별명을 붙여 주기도 했어요.
이름을 귀엽게 부르는 '뚠덕이'라는 별명도 있고요. 삐질 때마다 짠한 표정
을 지을 때가 많아서 '짠덕이', 몸에 근육이 워낙 옹골차서 '골찬이'라고도
불러요. 이렇게 나열해 보니 정말 많네요!

'순덕'이라는 단어에는 많은 뜻이 있는데요. 먼저 '성질이나 태도, 표정 따위가 부드럽고 순하다'라는 의미가 담겼어요. 씩씩한 우리 순덕이와 썩 어울리는 말은 아닌 것 같네요(웃음).

저희가 순덕이 이름에 붙인 뜻은 '순할 순, 오리 덕(duck)'이에요. 순덕이는 실내에서는 주로 '순할 순'의 순덕이로 조용조용 지내요. 그러다가 밖에서 뛰어놀거나 물에 들어갈 때는 '오리 덕'의 순덕이로 변하죠. 자기 이름에 완벽하게 부응하는 견생을 살고 있답니다. 물과 흙을 워낙 좋아해서 엄마아빠의 허락만 떨어진다면 어디서든 입수할 준비가 되어있는 아이예요. 수영장과 강, 바다는 말할 것도 없이 뛰어들고요. 시골에 있는 외할머니 집 근처 논밭에 뛰어들어

가 머드팩을 하기도 해요. 그저 물만 있다면 빗방울이 모인 물웅덩이, 하수구, 수돗가, 심지어는 꽁꽁 언 얼음 빙판 위에도 주저 없이 입수를 하는 순덕이에요.

'도리에 공손히 따르는 덕'라는 뜻도 있는데요. 한 살 많은 봄이 오빠를 공손히 따르지 않고 열심히 까부는 모습도 자주 보이죠.

둘이 장난치고 놀 때에는 순덕이가 봄이한테 많이 까부는 것처럼 보이죠(웃음). 그런데 사실 봄이는 순덕이의 베스트 프렌드에다가, 가끔은 든든한 지원군 역할까지 해주는 하나뿐인 오빠예요. 평소에는 성격이 점잖고 차분한 아이지만, 순덕이가 장난을 걸면 순덕이 텐션에 맞춰 신나게 놀아

줘요. 순덕이에게는 장난감도, 공도 전부 다 양보하죠. 어쩌다가 순덕이가 무서워하는 강아지나 사람을 만나면 듬직하게 지켜 주기도 하고요.

'순수한 덕'이라는 의미는 항상 환하게 웃는 순덕이와 딱 잘 어울리네요. 그런데 이렇게 행복해 보이는 순덕이에게도 아픈 과거가 있었다는 이야기를 들었어요.
순덕이는 저희 남편의 반려견이었어요. 결혼을 하면서 저와도 가족이 되었죠. 사실 순덕이는 남편을 만나기 전에 세 번의 파양을 당한 경험이 있어요. 그러니 남편이 네 번째이자 영원한 순덕이의 보호자죠. 입양을 결심하고 처음 만나기로 한 날, 이전 보호자는 고급 외제차를 타고 왔대요. 그

리고 남편에게 순덕이를 버리듯 주고 떠나버렸다고 해요. 당시 남편은 사회 초년생이었고 국산 소형차를 탈 때였어요. 순덕이를 집으로 데리고 오는 내내 마음이 많이 아팠다고 해요. "내가 저런 비싼 외제차는 태워주지 못하더라도 끝까지 버리지 않고 행복하게 살게 해줄게"라고 다짐했다고 하더라고요.

어둠 한 점 없이 밝은 아이처럼 보여서 전혀 몰랐어요. 그만큼 큰 사랑을 주셨나 봐요.
사실 순덕이는 이름처럼 순한 아이라고 생각해요(웃음). 가끔씩은 겁 많고 소심한 내면을 보여줄 때도 있고요. SNS에 올라오는 몇 초의 영상이나 사진만 보고 순덕이를 사고

를 많이 치는 통제 불가 말썽꾸러기로 오해하는 분들이 있어요. 하지만 순덕이를 실제로 만난 분들은 대부분 "순덕이 왜 이렇게 착하고 순하죠?"라는 반응을 보이세요. 순덕이를 처음 만났을 때는 여러 번의 파양으로 인한 상처로 문제 행동이 있었어요. 공격성도 있었고, 통제가 어려울 정도로 천방지축에다가 사고도 많이 쳤었죠. 하지만 저희 가족은 순덕이가 더 행복한 견생을 누릴 수 있도록 정말 많은 노력을 했어요. 아이의 행동에 대해 책임지기 위해서 필수적인 훈련들을 했죠. 반려견, 특히 대형견을 기를 때에는 보호자로서의 의무와 책임감을 다해야 한다고 생각해요. 지금 순덕이는 저희 가족이 책임질 수 있는 안전한 범위 안에서만 자유로워요. 그 자유 안에서 최선을 다해 즐기고 있고요.

이전의 세 개의 이름이 아닌 지금의 '순덕'으로 불릴 수 있어서 정말 다행이에요.
전 보호자는 순덕이를 '루비'라는 이름으로 불렀다고 해요. 그렇게 예쁜 이름을 지어주고 왜 파양을 했을까요? 이전, 그리고 그 이전에 순덕이는 또 다른 이름으로 불렸겠죠. 이전 보호자들이 책임감과 이해심을 가지고 천천히 맞춰갔더라면 순덕이의 이름이 네 번이나 바뀌지 않았을 거예요. 반려동물에게 이름을 지어 주는 순간, 그 순간부터 책임이 생긴다고 생각합니다. 세상의 모든 반려동물들이 첫 보호자에게 선물 받은 그 이름으로 오래오래 행복하게 살아가기를, 그리고 버려지지 않기를 바라요.

SARAM,
BETTER THAN
HUMANS

사람보다 사람다운 사람이라

국립국어원 표준국어대사전에서 '사람'을 찾으면 총 11가지 뜻이 나온다. '생각을
하고 언어를 사용하며, 도구를 만들어 쓰고 사회를 이루어 사는 동물'이라는 보편
적 의미에 '일정한 자격이나 품격 등을 갖춘 이'라는 뜻을 대면 그 교집합은 확 줄
어든다. 사람이라고 다 사람이 아니다, 사람 사는 세상에 사람이 많지 않다는 표
현이 존재하는 이유다. 그리고 여기, 사람 사는 세계의 사람 결핍을 채워주는 사
람 아닌 사람이 있다. 사람보다 사람다운 강아지, 그 이름은 '사람'이다.

글·사진 김인영 @1029saram | 에디터 박재림

사람이
꽃보다 아름다워

안녕하세요. 사람이라 불리는 강아지를 만나러 왔습니다.
사람이는 올해 여섯 살(로 추정되는) 믹스견입니다. 생후 7
개월부터 저와 제 남자친구와 함께 살고 있죠. 사람이는 아
주 영리하고 에너지가 넘쳐요. 달리는 것도 아주 좋아해서
산책에 심하게 집착하죠. 대신 인내심이 강해서 저희가 약
속한 것 – 산책이나 간식 – 은 꼭 지킨다고 믿고 잘 기다려
주는 친구입니다.
사람이는 버려진 강아지였어요. 유기견입양단체를 통해
서 처음 알게 되었죠. 다른 개랑 장난치며 하얀 이를 드러
낸, 발랄한 개구쟁이 같은 모습에 반해 입양을 결정했습니
다. 그게 딱 5년 전, 2018년 3월이었어요. 당시 11년 간 함
께한 반려묘를 떠나 보낸 뒤 힘든 마음을 강아지 사진 보며
달래다 사람이를 만나게 되었네요.

사람이라니… 뭐랄까, 상당히 의미심장(?)한 이름이에요.
사람이의 아빠, 그러니까 제 남자친구가 제안했어요. 사람
이 아빠는 글 쓰는 사람(손아람 작가)인데, 본인의 장편소
설 『디 마이너스』에 등장하는 떠돌이 개의 이름이 '사람'이
거든요. 저도 그 이름이 좋아서 동의했어요. 당시 업무 관
련으로 사람들한테 상처를 많이 받아서 인간을 향한 불신
이 컸는데, 강아지에게 사람이란 이름을 붙여주고 사람을
다시 좀 사랑해 봐야겠다는 생각도 들더라고요, 하하. 입에
잘 붙기도 했고, 그런 개 이름은 한 번도 들어본 적이 없어
서 마음에 쏙 들었습니다.

**이름 따라간다는 옛말이 있죠. 사람이를 보며 '얘 진짜 사
람 같네'라고 생각한 순간이 있나요?**

감정표현을 확실하게 할 때요. 특히 산책 시간이면 사람이가 무척 엄격해 지거든요. 나갈 시간이 되었는데 출발을 안 하면 저희를 앞발로 치거나 문 앞에 걸린 리드줄을 쳐요! 산책을 나가면 기분 좋게 웃고 장난도 많이 칩니다. 대신 비가 와서 산책을 못 가는 날이면 표정이 엉망이 되죠. 유별날 정도로 사람이는 감정이 풍부하고 표현도 잘 하는 것 같아요.

사실 사람이는 '사람 같네' 보다 '사람보다 낫네'라는 생각을 더 많이 하게 만들어요. 사람이를 입양한 이후로 다른 강아지와 고양이를 임시보호한 적이 많은데 항상 의젓하게 어린 친구들을 챙기더라고요. 뜬장에서 구조해 집으로 데려온 개들이 마음을 열지 못하고 구석에만 있으니까 먼저 다

가가서 장난도 치면서 적응을 돕는 거예요. 보통 개들은 먹는 것 때문에 싸움이 많이 일어난다는데 사람이는 오히려 임보 친구들에게 양보를 해요.

새끼 고양이들에겐 더 친절했어요. 애들이 머리 위에 올라타고 장난을 쳐도 받아주더라구요. 수유 중인 고양이가 있으면 꼭 찾아와서 같이 챙기고 응가를 하면 항문도 핥아줬어요. 한 번은 놀러 온 친구 강아지가 새끼 고양이들 근처로 가니까 으르렁대면서 보호하려는 모습을 보여서 놀랐어요. 닭고기 특식을 고양이들과 나눠 먹는 광경도 기억납니다.

리더십도 있어서 임보 중인 아이들끼리 싸우면 혼을 내줘요. 앞발로 딱밤을 때리면서 말이죠. 너무 나대거나(?) 대

드는 녀석이 있으면 구석으로 데려가서 훈계도 해요, 하하. 그래서 저희는 사람이를 '사감님' '일인자' '선생님' '선배님' 이라고 부르기도 한답니다!

사람이 덕분에 구조한 동물 친구들도 있다고 들었어요.
몇 해 전 여름이었어요. 사람이를 데리고 계곡에 바람을 쐬러 갔는데, 사람이가 울면서 저희를 산 안쪽으로 데려가더라구요. 따라갔더니 그곳에 개 도살장이 있더군요. 20개 정도 뜬장이 있고, 그 안에 6마리 개가 갇혀 있었어요. 그 주변으로 개들의 피가 굳어 있고 뼈가 굴러다니더군요. 개의 목을 매는 줄이 여기저기 흩어져 있었고요. 그 참혹한 광경이 잊혀지지 않습니다.

구조 준비를 하고 다시 그곳을 찾았을 땐 그 사이 1마리가 도살되었고 또 다른 개가 똥장에 있었습니다. 그렇게 성견 5마리와 새끼 1마리를 구조했어요. '훈민정음 5남매'와 '사라'입니다. 아이들은 이후 심장사상충 치료 등을 거쳐 지금은 모두 좋은 곳으로 입양을 갔답니다. 힘든 과정이었지만 많은 분들의 도움 덕분에 가능했어요. 그 중에서도 사람이가 가장 큰 공헌을 했다고 생각해요.

지난해에는 이런 일이 있었어요. 집 근처에 재건축으로 철거 예정인 건물이 있는데, 그곳을 지날 때마다 사람이가 땅을 파고 난간을 긁으면서 울어 대는 거예요. 사흘 연속으로 말이죠. 뭔가 이상하다 싶어서 살펴보니 고양이의 흔적이 있었습니다. 떼어낸 간판 뒤에서 생후 3개월 새끼 고양이를 구조할 수 있었죠. 폭우가 쏟아지는 날이었는데 사람이가 아니었다면 큰일 날 뻔 했어요. 고양이에겐 '푸치'라는 이름을 붙여주고 임보했고 곧 좋은 곳으로 입양 보낼 수 있었습니다.

이렇듯 어려움에 처한 동물들을 상황을 알리고, 임시보호 중인 동물 친구들도 잘 보살피는 우리 개를 보며 많은 것을 배웁니다. 사람이가 어지간한 인간들보다 나은 것 같아요. 여러 동물을 구조하는 과정에서 눈으로 보고도 믿지 못할 정도로 잔인하게 학대하는 사람들을 직간접적으로 많이 봤기 때문인지 더 그런 생각을 하게 되네요.

훈민정음 5남매, 사라, 푸치… 구조 및 임보한 동물의 이름들도 심상치 않습니다. 이들 외에도 인연을 맺은 친구가 많다고 들었는데 그 이름들이 궁금해요.

먼저 사람이 이전부터 함께한 반려묘가 둘 있는데 '심바'와 '에드워드노춘식'이에요. 심바는 2006년 입양한 페르시안 믹스 고양이예요. 파양한 전 보호자가 지은 이름을 그대로 썼는데 바꿔줄 걸 후회가 좀 됩니다. 둘째의 이름은 저와 여동생이 좋아하는 배우 – 에드워드 노튼 – 이름에서 따왔어요. '노튼'하고 부르던 게 '노춘이'로 자연스럽게 변하면

서 풀네임 에드워드노춘식이 되었지요. 전형적인 한국 고양이라 바뀐 이름이 더 잘 어울렸죠, 하하. 특이한 이름이라 주변 사람들도 재미있어 하며 이름을 부르곤 했습니다. 심바는 2017년, 노춘식은 지난해 무지개다리를 건넜는데 지금은 둘이 만나서 서로 이름을 부르며 회포를 풀고 있을 거예요.

훈민정음 5남매는 당시 급하게 여러 이름을 지어야 해서 '가가' '나나' '다다' 라는 식으로 지은 이름이에요(나나와 다다는 입양간 곳에서도 같은 이름으로 불려요). 함께 구조한 새끼 강아지 '사라'는 건강 상태가 너무 좋지 못해서 꼭 살아남으라고 붙인 이름인데 그 의미대로 잘 살아가고 있습니다. 푸치는 처음 발견한 장소가 '푸른치과' 간판 뒤였기 때문에 그런 이름을 붙였어요.

'존 스노우'도 잊지 못할 이름입니다. 보호소에서 여러 질병으로 죽어가던 개였어요. 파보 바이러스, 코로나 바이러스 등에 감염되어 죽을 고비에 놓였는데 끝내 살아남았죠. 기

특하고 고마운 마음을 담아서 미국 드라마 〈왕좌의 게임〉에서 칼에 찔리고도 마법으로 살아난 등장인물의 이름을 붙였습니다.'

'하이'와 '에나'는 호피무늬 진돗개 남매예요. 두 마리가 엉켜 있는 모습이 하이에나를 닮아서 붙인 이름이죠. 처음 만났을 때부터 용맹하고 눈가에 검정색 털이 있던 강아지는 '람보', 인상을 찌푸린 모습에서 영화 〈매드맥스〉의 악당 '임모탄'이 떠오른 친구에게는 '모탄이(성격은 천사랍니다)'라고 불렀지요. 꼬마아이 같은 녀석에게는 '아해(아이의 옛말)'라는 이름을, 드라마 〈동백꽃 필 무렵〉의 주인공처럼 느긋한 충청도 총각 같은 강아지에게는 '용식'이라는 이름을 붙였습니다. 참고로 용식이는 종로에 사는 분께 입양을 갔는데 '김두한'으로 개명 했습니다, 하하.

수많은 작명을 하시면서 어떠한 '철학' 같은 것이 생겼을 것 같아요.

지금까지 구조 및 임보한 친구들을 세어보니 총 34마리더라구요. 그 중 서른 마리의 이름을 저희가 지었습니다. 외향적인 특징, 구조 당시의 상황에서 영감을 얻는 경우가 많아요. 철학이라기엔 거창하지만 최대한 기존에 없는 이름으로 작명하자는 원칙은 있어요. 너무 흔한 이름이면 입양 홍보가 어렵더라구요. 그래서 해시태그를 검색해보고 없는 이름 위주로 짓게 됩니다. 모든 이름이 다 소중하지만 그 중에서도 하이&에나, 푸치, 훈민정음 5남매가 오래도록 기억에 남을 것 같아요.

동물 친구들을 입양 보낸 뒤에도 계속 연을 이어가신다고 들었습니다.
운이 좋게도 그동안 연을 맺은 아이들은 거의 다 계속해서 연락을 하고 지냅니다. 저희 집으로 놀러 오는 경우도 있고, 저희가 여행을 가서 만나는 경우도 있어요. 전 임보를 '하숙'이라고 표현하곤 하는데, 예전에 하숙한 친구들을 다

시 만나면 기분이 좋아요. 사람도 마찬가지인가 봐요. 친구들과 재회하면 정말 좋아해요. 새끼 고양이 때 함께한 고양이가 성묘가 되어서 놀러 왔을 때 서로를 알아보고 예전처럼 지내는 걸 보면 놀랍기도 해요. 감동적이죠. 사람이가 예나 지금이나 다른 친구들에게 잘해주는 덕분에 과거 하숙생들과 연을 이어갈 수 있는 것 같아요.

사람보다 사람다운 사람이와 함께하는, 그리고 불우한 처지의 개와 고양이들에게 희망을 담은 이름을 고민해 온 보호자님에게 '이름'은 어떤 의미일까요?
동물보호소에서 이름도 없이 번호만 갖고 살다가 죽는 아이들을 많이 봅니다. 그럴 때마다 가슴이 너무 아파요. 동물들에게 이름은 '세상에 존재한다는 증거' 같아요. 이름이 생기면서 가족도 생기고 새로운 삶을 살게 되니까요. 더 많은 동물들이 공고번호가 아닌 이름을 가졌으면 좋겠습니다.

모서리의 베티

Betty
In The Corner

글·사진 김나현 @bitty_boppy_betty | 에디터 박조은

여유로운 토요일 오후, 차를 마시러 망원동 카페를 찾았다. 향긋한
차를 한 모금 마시고 주위를 둘러보는데… 카운터와 좌석을 가르는
모서리에서 무언가 하얗고 복실한 형체가 빼꼼하고 고개를 내민다.
홀린 듯 그곳으로 다가가자 슬금슬금 뒷걸음질을 치는 녀석. 아이는
흰자를 한껏 드러낸 눈으로 말한다.
"인간 어렵습니다. 저를 못 본 척해주세요."

장래희망이 투명 강아지인 '모서리의 베티'. 예전부터 팬이었어요. 이렇게 만나
게 되어서 정말 기뻐요! mellow 독자분들께 자기 소개 부탁드릴게요.
안녕하세요. 베티는 모서리 뒤에 숨어 사람들 관찰하는 것을 좋아하는 수줍음 많
은 강아지입니다. 저는 베티의 언니예요. 베티의 맘마와 응가 산책을 책임지고
있죠. 망원동에서 약국 겸 찻집인 〈약초원〉을 운영해오다가 최근에는 가게를 정
리하고 잠시 쉬어 가는 시간을 갖고 있답니다. 이렇게 멜로우 독자분들을 만나
뵙게 되어서 정말 반가워요.

'베티'라는 이름은 직접 지어 주신 이름인가요? 이름의 뜻이 궁금해요.
베티는 포천에 있는 보호소 〈애신동산〉에서 태어났어요. 베티라는 이름도 애신
동산의 봉사자님께서 지어 주신 이름이에요. 저희 집에 처음 왔을 때부터 겁이
많았어요. 그래서 적응하는 데에 조금이라도 도움이 되길 바라며 이름을 바꾸지
않았죠. 이름에 특별한 의미는 없는 것 같아요. 그런데 희한하게도 베티의 이름
을 들은 대부분의 사람들은 "어, 정말 베티같이 생겼다"라고 하시더라고요(웃음).

본명인 베티에 '모서리'라는 말이 붙어서 더 기억에 남아요. 모서리 옆으로 빼꼼
고개를 내민 모습과 찰떡인 이름이에요.
제가 운영하던 약초원은 여기저기에 모서리가 많았어요. 벽돌을 쌓아서 공간을
구성했거든요. 저와 항상 함께 출퇴근하는 베티가 숨어서 사람들을 지켜보기 좋
은 구조였죠. 제가 일하는 시간 동안 베티는 카운터나 좌석 뒤에 숨어서 모서리
밖으로 고개만 빼꼼 내밀고 손님들을 구경하곤 했어요. 그런 베티를 보고 한 손
님이 "모서리 강아지네?"라고 말씀하셨는데, 왠지 베티에게 가장 잘 어울리는 수
식어처럼 느껴졌어요. 그래서 베티 소식을 업로드하는 SNS 계정 이름을 '모서리
의 베티'라고 정했죠.

벽 뒤의 베티, 구석의 베티, 숨어있는 베티가 아니라 '모서리의' 베티라서 더 특별해요. 혹시 모서리라는 단어를 쓴 이유가 특별히 있나요?

음… 모서리라는 단어가 왜 맘에 들었을까 생각해 봤어요. '구석'이나 '벽 뒤에 숨어 있는' 같은 단어에는 '보이지 않기를 원한다'는 어떻게 보면 부정적인 의미만 담겨있어요. 그런데 베티는 그저 보이지 않기를 원하며 숨어있는 게 아니에요. 사람들을 무서워하지만 또 동시에 궁금해하죠. 그래서 고개를 빼꼼 내밀고 사람들을 관찰하는 거예요. 모서리라는 단어는 그런 베티의 귀여운 호기심까지 포함할 수 있는 단어라서 마음에 들었어요.

MBTI로 따지면 E와 I를 넘나드는 아이인가 봐요. 저도 그런 경우가 많아서 공감이 돼요. 혼자 있을 땐 외롭고, 같이 있으면 귀찮고…

베티의 외향성(E)과 내향성(I)을 따져 보자면 대문자 'I'일 거라고 생각해요. 사람들에게 관심받는 상황을 무서워하고 다른 강아지에게 먼저 다가가는 일도 굉장히 드물어요. 모서리에 몰래 숨어서 지켜볼 때 외에는 호기심을 표현하는 일이 거의 없어요. 그래도 궁금한 건 참지 못해서 산책을 할 때 아주아주 가끔씩 관심이 가는 강아지 친구가 있으면 냄새를 맡으러 다가갔다가, 상대편 강아지가 베티 냄새를 맡으려고 하면 바로 꼬리를 감추고 도망가곤 해요. 누군가 부를 때에도 고개는 절대 돌리지 않고 눈동자만 살짝 움직여서 몰래 훔쳐본답니다.

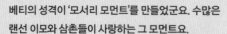

베티의 성격이 '모서리 모먼트'를 만들었군요. 수많은 랜선 이모와 삼촌들이 사랑하는 그 모먼트요.
가게를 열고 나서 저희는 항상 출퇴근을 함께 했어요. 처음 출근했던 날에 하루 종일 강아지 방석에 앉아서 한 발짝도 안 움직였던 베티가 기억이 나네요. 가게 영업시간이 끝나고 나서 가게 내부 여기저기를 옮겨가며 바닥에 같이 앉아 있었어요. 간식을 먹이고 쓰다듬어 주면서 "괜찮아, 괜찮아" 하고 말해줬어요.

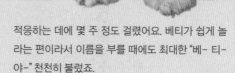

적응하는 데에 몇 주 정도 걸렸어요. 베티가 쉽게 놀라는 편이라서 이름을 부를 때에도 최대한 "베- 티- 야-" 천천히 불렀죠.
공간에 조금 적응한 이후부터는 용기를 내어 모서리 앞까지 나왔어요. 그때부터 베티는 줄곧 모서리에 있었던 것 같아요. 가게에 손님들이 많아지면서부터 베티가 유명해지기 시작했어요. 점점 약초원보다 베티를 알게 되는 분들이 많이지더라고요. 베티 사진 중

에서 예쁜 것보다 찌그러지고 웃긴 사진들을 주로 올리다 보니 점점 마니아 층이 형성된 것 아닐까 추측해 봅니다. 그러다가 SBS 유튜브 채널에 모서리의 베티가 소개된 다음부터 정말 많은 분들이 베티를 알게 되었어요. 미디어의 힘은 대단하더라고요(웃음).

모서리의 베티라는 이름을 들은 손님들의 마음이 사

르르 녹을 것 같아요. 이름을 들으면 주변 반응은 어때요?
"어머, 어쩜 이름도…" 하면서 입을 틀어막는 분들이 많아요. 혹은 "정말 '베티'같이 생겼다" "이름하고 너무 잘 어울린다" 라고 말씀하시는 분들도 많았죠. 왜 인지는 모르겠지만 베티를 좋아하시는 분들 중에는 베티처럼 수줍음이 있는 분들이 많아요. 티 나게 애정을 표현하는 분들은 소수고요. 멀리서 흐뭇하게 바라만 보는 분들이 더 많아요.

밖에서 우연히 베티를 마주쳤는데도 조용히 눈 인사만 하시고는, 만나서 반가웠다며 DM을 보내시더라고요. 모르는 사람이 갑자기 아는 척을 하면 베티가 스트레스 받을까 일부러 모른 척하셨다면서요. 베티가 사랑받고 있다는 걸 느꼈어요. 그 외에도 차를 드시던 손님이 나가시면서 자리에 조용히 직접 그린 베티 그림을 두고 가신다거나 하는… 그런 잔잔하고 마음 따뜻해지는 일들이 있었죠.
아, 한 번은 "사진 좀 찍어도 돼요?" 하고 수줍게 물어보던 손님이 계셨어요. 사진을 찍어도 된다고 말하

자, 갑자기 아이돌 팬들이 사용할 만한 기다란 망원렌즈가 달린 대포 카메라를 꺼냈던 기억이 나네요(웃음).

베티가 모서리 뒤에 숨어 바라볼 수밖에 없었던 이유가 있었다고 들었어요.
베티는 보호소에서 태어난 뒤로 생후 6개월까지 같이 태어난 형제들하고만 지냈어요. 사람들은 거의 마주칠 수 없는 환경이었죠. 그래서인지 사람을 친숙하게 여길 수 있는 사회화 시기를 놓쳤다고 해요. 보호소가 산속에 위치한 곳이어서 자동차, 소음 등으로 시끄러운 도시도 낯설었을 거고요. 그런 환경이 베티의 겁 많고 수줍은 성격을 만든 것 같아요.

모서리 뒤에 숨어서 베티가 바라보는 세상은 어떤 모습일까요? 보호자님이 있어서 반짝반짝 밝은 느낌이지 않을까 싶어요.
베티와 제가 있는 곳은 주로 카운터 안쪽, 주방, 혹은 사무실이었어요. 손님들이 있는 공간하고 분리되어 있었죠. 베티와 저만 있는 익숙하고 조용한 공간과 시끌시끌하고 낯선 공간과는 차이가 있었어요. 아마도 어린 인어공주가 처

음으로 물 바깥의 사람들을 봤을 때의 마음과 비슷하지 않을까 싶어요. 궁금하긴 한데 선뜻 밖으로 나가 보기에는 너무 무서운 느낌이었던 거죠.

이름은 성격을 담고, 성격은 운명을 만든다고 하잖아요. 베티에게 '모서리'라는 수식어가 붙은 뒤에 더욱 많은 사람들에게 사랑받게 되었어요. 사랑은 모든 걸 변화시키고요.
본인이 많은 사람들에게 사랑받고 있다는 것을 아직도 모를 거예요. 알게 된다고 하더라도 그 사실을 좋아할지는 모르겠네요. 관심받는 걸 부담스러워하는 편이라서요(웃음). 대신 베티가 사랑받게 되면서 크게 달라진 점이 있어요. 바로 제가 베티를 대하는 관점이죠. 겁많은 성격을 고쳐야 할 문제점이나 단점으로 생각하지 않고, 그냥 베티가 가진 특징 중 하나로 받아들이게 되었거든요. 이거야말로 베티를 있는 그대로 사랑해 주신 많은 분들 덕분이에요. 지금은 일부러 사람들에게 다가가도록 훈련시키기보다 베티가 스트레스 받지 않는 환경에 있도록 더 신경 쓰고 있어요. 그러니까 오히려 베티도 자기만의 속도로 조금씩 마음을 열고 있답니다. 물론… 조금 많이 느리지만요(웃음).

SOUND OF LOVE BEING BORN, BONG BONG BONG

글 Mel & Torben @melandbong | **사진** 스프링팔레트 | 에디터 박재림

사랑의 봉오리가 인사하는 곳,
봉봉봉은 매일매일 봄봄봄

네덜란드 남자와 한국 여자가 사랑에 빠졌다. 서로를 반려자로 맞이
한 두 사람은 한국의 전통가옥에 보금자리를 마련했다. 이어 축복처
럼 천사 셋이 차례로 다가왔다. 강아지 '봉순'과 '봉택', 그리고 딸 '봉
글'이가. 사랑의 씨앗이 자라 봉긋봉긋 봉오리를 맺는 곳, 봉쓰리네
는 봄이 오기 전부터 봄이다.

초대해주셔서 감사합니다. mellow 독자님들에게 소개 부탁드려요.

MEL : 안녕하세요, '봉쓰리네' 오신 것을 환영합니다. 대구광역시의 아담한 한옥에서 살고 있는 네덜란드 아빠 톨벤Torben과 한국 엄마 멜Mel, 진돗개 봉순이와 진도 믹스 봉택이, 3월로 생후 27개월이 된 아기 봉글이에요. 사실 봉글이는 태명인데, 본명인 '세랑'만큼이나 여전히 자주 불러요.

멜은 저의 외국 이름인데요. Melanie의 약칭으로, 'Dark beauty'라는 뜻이 있다고 해요. 제가 피부가 까만 편이거든요(웃음). 외국인 친구들이 저를 '멜로 멜Mellow Mel'이라는 애칭으로 부르곤 해서 이번 mellow 매거진과의 만남이 더 반가워요!

TORBEN : 안흐남Aangenaam 네덜란드어로 '처음 뵙겠습니다'라는 의미, 반갑습니다. 네덜란드에서 온 톨벤입니다. 장거리 연애를 끝내고 결혼을 하기 위해서 한국에 왔고, 개성 있는 주택에 살고 싶어서 한옥을 신혼집으로 구했어요. 지금은 돌아가신 장인어른께서 리모델링을 도와주셔서 더욱 의미 있는 곳이죠.

한국 이름이 있냐구요? 정식으로는 없는데 누가 물어보면 장난식으로 '파동필'이라고 소개하곤 합니다. 예전에 동필이란 이름을 가진 한국 사람을 만난 적이 있는데 그 사운드가 마음에 들었거든요. 아내가 꽤 토속적인 이름이라고 해서 더 마음에 들었습니다.

이곳 신혼집을 구하자마자 '첫째' 봉순이를 입양하셨다고 들었어요. 두 분 모두 이전부터 반려 경험이 있으셨나요?

TORBEN : 어릴 적 네덜란드에서 강아지와 고양이를 키운 적이 있어요. 털이 긴 그레이하운드 힐리야Hilya, 고양이 하

이스Gijs와 람프예Lampje였죠. 람프예는 '전구'라는 뜻인데 까만 고양이가 꼬리 끝만 하얀 색이라 마치 전구가 켜진 것 같아서 지은 이름이었습니다. 녀석들과 이런 저런 추억이 많았지요.

MEL : 저 역시 강아지를 좋아하신 아버지의 영향으로 어릴 적부터 자주 강아지를 키웠어요. 첫 강아지는 치와와 믹스 '치치'였는데 너무 좋아서 항상 함께 있으려고 한 기억이 납니다. 그 뒤 진돗개 황구와 콜리도 반려했어요. 아무래도 집에 강아지가 있으면 웃을 일이 많은 것 같아요. 그런데 지금 생각해보면 아버지와 저는 강아지를 좋아만 했고, 강아지를 키우며 생기는 뒷감당은 항상 저희 어머니가 하신 것 같아요(웃음).

봉순이라는 이름이 꽤 향토적(?)이예요.
MEL : 2016년 가정분양으로 진돗개 백구를 데려왔는데 아버지께서 곧바로 봉순이라고 부르시더라고요. 저희 사는 곳 지명이 봉덕동인데 '봉덕동의 순한 아이'라는 의미라시면서요. 사실 남편과 저는 좀 더 세련된 이름을 떠올리고 있었는데 봉순이라는 이름을 듣자마자 확 끌리더라고요. 그렇게 봉순이는 봉순이가 되었답니다. 이름을 지어준 사람이라는 걸 아는지 봉순이는 아버지를 정말 잘 따르고 좋아했어요. 병환으로 투병하실 땐 봉순이가 다가가 곁에 눕기도 했고요. 이런 일도 있었어요. 아버지가 돌아가시고 제사를 지내는데 봉숙이가 저희를 따라서 절을 하는 거예요. 정말 신기하고 또 기특했죠. 그런 모습에 어머니도 봉순이

를 아끼시죠.
TORBEN : 저도 봉순이라는 이름을 처음 들었을 때 정말 귀엽다고 생각했어요. 봉덕동에 살기 때문에 저에게는 '봉'이라는 글자가 굉장히 친숙하기도 했고요. 또 영어로 'Bongsoon'은 외국인이 비교적 발음하기 쉬운 영어예요. 네덜란드 친구들에게는 봉순이의 소개하면서 한 가지 설명을 덧붙여요. 한국에서 봉순은 네덜란드에서 마틸다Matilda처럼 굉장히 토속적인 이름이라고요. 그러면 친구들이 이해했다며 웃곤 합니다.

둘째 봉택이와는 언제 어떻게 인연을 맺으셨나요?
MEL : 2020년 3월이었어요. 집에서 조금 먼 곳에 있는 공원에 떠돌이 개가 있다고 해서 물과 간식을 챙겨갔어요. 진도 믹스견인데다 봉순이랑 닮아서 더 마음이 가더군요. 일주일 동안 밥을 챙겨주다가 녀석의 안전을 위해 - 고민 끝에 - 저희가 구조를 했어요. 사회화가 전혀 되어있지 않고 사람을 무서워하지만 같은 강아지인 봉순이에게는 마음을 열더라고요. 그렇게 보호를 하다가 가족으로 맞이하게 되었습니다. 시간이 지나면서 저희 모두에게 마음을 연 봉택이는 지금은 깨방정(!)도 떨 줄 아는 매력적인 강아지가 되었습니다. 아, 봉택이라는 이름은 남편이 지었어요.
TORBEN : 봉택이를 구조한 곳이 '혁신도시'라는 동네였어요. 혁신이라는 단어에서 왠지 'Tech'라는 느낌이 전해지더라구요. '봉'에다 '테크'를 붙여서 봉택이 되었죠. 한국은 네덜란드에 없는 '돌림자' 문화가 있으니까요. 네덜란드에선

반려동물 이름을 지을 때 사람 이름 중 발음하기 쉽고 짧은 이름을 많이 사용하는 편이에요. 막스Max나 루나Luna 같은 이름 말이죠. 참, 한국에서는 반려동물에게 음식 이름을 붙여주면 오래 산다는 믿음이 있다고 들었어요. 봉순이 봉택이와 산책할 때 만두, 짜장, 보리 같은 이름으로 불리는 강아지를 만나곤 하는데 네덜란드 사람의 귀에는 조금 이상하게 들리는 것 같아요(웃음).

두 분의 첫 아기에게도 돌림자 이름을 지어 주셨어요. 사실 봉글이는 맏이인데, 봉순이와 봉택이의 존재 덕분에 언니와 오빠가 있는 삼남매의 막내로 보여요.
MEL : 봉글이는 봉택이를 챙기고 구조한 즈음에 임신이 되었어요. 당시 유튜브 채널에 초음파 사진을 올렸는데 구독자분들이 태아 얼굴이 동글동글하다며 태명이 '봉글'이면 어울리겠다고 하셨죠. 봉글이가 태어나고 보니 정말로 동글동글하게 생겨서 놀랐답니다. 사실 진돗개와 아기를 같이 키우는 게 위험하다는 말을 많이 들었어요. 그래서 출산 전부터 관련 책과 영상을 보며 공부를 했죠. 그런데 막상 봉글이가 태어나니까 봉순이도 봉택이도 너무 자연스

럽게, 또 조심스럽게 갓난아기를 대하더라고요. 그런 사랑을 받고 자란 봉글이가 지금은 봉순이와 봉택이를 지극히 챙기구요. 기특한 세 아이를 보고 있으면 육아가 아무리 힘들어도 금세 힐링이 된답니다.

TORBEN : 봉글이는 태어날 때부터 봉순이, 봉택이와 함께 했기 때문에 그들을 자신의 '토양'이라고 느끼는 것 같아요. 봉순이와 봉택이는 봉글이를 자신들이 '보호해야 할 존재'라고 생각하는 것 같구요. 특히 봉순이가 그래요. 봉글이가 간식을 주면 손을 물지 않으려고 조심히 받아먹고, 봉글이 주변으로 다른 아이나 강아지가 다가오면 봉글이 몸에 붙어서 빙글빙글 돌면서 지키려고 합니다. 네덜란드에서는 일편단심인 사람을 묘사할 때 '강아지처럼 충성도가 높은(As loyal as a dog)'라는 표현을 쓰곤 해요. 한국에서 진돗개가 충성심이 높은 걸로 유명하다고 들었는데 봉순이와 봉택이를 보면서 실감하죠.

MEL : 봉글이가 생후 15개월 때, 봉순이를 안으면서 "사랑"이라고 말한 적이 있어요. 방긋 웃으면서 말이죠. 태어나

처음으로 입 밖에 꺼낸 단어를, 엄마와 아빠에게도 한 적 없는 말을 봉순이에게 건넨 것이 어찌나 신기하고 감동적이던지…

한옥과 진돗개, 그리고 국제커플 가족… 다소 낯선 조합(?)임에도 서로에게 너무도 잘 어울리는 서로인 것 같습니다.

TORBEN : 가족이 함께 있는 것만으로 행복과 평온을 느낍니다. 봉글이가 자라는 모습을 지켜보면 정말 신비로워요. 우리 가정에 큰 사랑과 행복을 선물한 봉순이와 봉택이도 마찬가지고요. 봉쓰리 없는 우리 부부는 이제 상상조차 할 수 없을 정도입니다. 앞으로도 다 함께 소중한 추억을 더 많이 쌓아가고 싶어요.

MEL : 저희 가족 모두는 각자 나름의 방식으로 완벽한 존재들이라고 생각해요. 다들 매력덩어리죠. 남편과 봉쓰리 모두 저에게 웃음을 선사하는 존재들입니다. 지금처럼 다 같이 웃으며 새로운 것들을 경험하고 배우는 것이 우리 가족의 꿈입니다.

강이ⓒ이수지 2018

그러니까 너는 '강'이야

SO YOU ARE
THE RIVER

글·그림 이수지 @suzyleebooks | 에디터 박조은

제대로 먹지 못해 유난히 작은 까만 개가 산과 바다를 만났다.
산이 말한다. "나는 '산'이야." 바다가 말한다. "나는 '바다'야."
두 아이와 까만 개가 눈을 마주친다. "그러니까 너는 '강'이야."

"나는 '산'이야."
"나는 '바다'야."

안녕하세요. 이수지 작가님. 작가님도, 작가님의 그림책도 정말 정말 좋아해요. 이렇게 만날 수 있어서 기쁩니다. 이번 호 주제가 '이름'인지라, 성함의 뜻을 여쭤보면서 질문을 시작하려고 해요.

안녕하세요. 그림책 작가 이수지입니다. 저도 반가워요. 제 이름은 할머니가 지으셨다고 하는데요. "이 아이는 나중에 커서 외국에 나갈 수도 있으니 영어 이름이 있는 '수지'로 짓자"고 하셨다고 하네요. 신여성이었던 할머니가 앞날을 보셨던 건지 저는 꽤 오랫동안 외국에서 지냈답니다. 외국에 살 때 사람들이 이름을 물어보면 'S'가 아닌 'ㅅ'로 발음하도록 알려줬어요. "Say 수−지" 하면서요. 이름에 쓰인 한자를 풀어 '빼어나게 슬기롭다'는 뜻까지 알려주면 모두 눈이 동그래지곤 했지요. 이수지라는 이름 덕에 저는 늘 당대의 '수지'들과 경쟁해야 했어요. 최수지, 강수지, 배수지… 그리고 요즘은 코미디언 이수지와 진검승부를 하고 있습니다.

작가님 그림책에는 계절감이 드러나는 자연이 많이 등장해요. 가족들과 자연 속에서 생활했던 기억의 영향일까요?

아이들이 어렸을 때 서울에서 가까운 시골에서 살았고 지금은 도시로 돌아왔어요. 아이를 키우는데 왕도는 없고, 도시건 자연이건 어디서든 아이들은 잘 자라더라고요. 우리 가족은 잠깐이라도 자연 속에서 살 수 있는 운이 따랐고, 다시 못 올 그 시간을 즐길 수 있었죠. 아이들은 그저 사랑스럽고 '다음 날은 무엇을 하고 놀까?'만 궁리하던 시절이었어요. 이웃들도 좋았고 아이들이 다닌 학교도 작은 학교답게 활기찼어요. 새소리와 함께 눈을 뜨고, 창밖의 계절 변화를 느끼고, 그 속에서 살아가는 사람들을 보았던 것은 저와 아이들의 삶의 밑바탕이 됐으리라 생각해요. 좋았던 기억들이 나중에 힘이 되겠지요. 우리를 둘러싼 환경은 우리에게 큰 영향을 끼쳐요. 비가 오면 비랑 놀고, 눈이 오면 눈과 노는 모습을 보면서 자연스럽게 그 기분들이 그때 주어진 그림책 프로젝트에 반영되었던 것 같습니다.

"그러니까 너는 '강'이야."

아이들의 이름이 정말 아름다워요. '산'과 '바다'… 아이들에게 자연의 이름을 붙인 이유가 있으신가요?

친구가 그랬어요. "'산'과 '바다'를 낳고 키우다니 너 스케일 한 번 크다"고. "그렇지!"라고 우쭐거렸지만 '우주'와 '별'을 키우는 분도 계시길래 다시 겸손해지기로 했습니다. 살면서 자신을 새로고침해야 할 일이 많잖아요. 커다란 문제에 봉착했을 때에는, 처음에 가졌던 마음으로 돌아가려 애쓰는 것이 문제 풀기의 첫 단추인 경우가 많아요. 자연은 그 커다람으로 우리를 처음으로 돌아가게 하는 힘이 있죠. 끝없는 바다의 수평선을 마주하면 한순간 숙연해지곤 하는데요. 산과 바다라는 커다란 이름을 가지면 작은 것에 연연하지 않으려 애쓰게 될 것 같았어요. 언제나 너른 마음으로 먼 곳을 바라보는 눈을 갖고 살아가기를 바라요.

'이름대로 산다'라는 말이 있어요. 아이들이 산처럼 바다처럼 자연스럽고 편안하게 살아가고 있는 것 같아요.

이름은 본인이 원하여 짓는 것이 아니므로 '이름대로 산다'라고 하면 좀 억울할 것 같기는 해요. 스스로 어떤 의미를 부여하는지가 중요하겠지요. 아이들이 다행히 본인들의 이름을 좋아했고, 지금도 그래요. 보통은 특이한 이름 때문에 놀림을 당하기도 하는데요. 다행히 초등학교 때 아이 친구들의 상상력도 어마어마하지는 않았던 것 같아요. 산이는 '백두산', 바다는 '바다거북' 정도의 별명을 가졌던 것으로 기억합니다. 산과 바다는 본인들 이름의 뜻을 특별하게 생각하지는 않는 것 같아요. 아이들에게 물어봤어요. 산이는 이름이 외자여서 단순하고, '산'이라는 글자의 모양새가 좋다고 하고요(OMR 카드에 표기하기 편해서라는 이유도 있더라고요…). 바다는 이름을 발음할 때 '아~'하는 느낌이 좋아서 마음에 든다고 합니다. 친구들이 한 번에 기억하는 이름이기도 하고요. 아이들이 자신의 이름을 좋아하는 이유가 제각각이네요.

산과 바다에게는 막내 동생인 강아지 '강이'도 있잖아요. 강이의 이름을 짓던 순간이 궁금해요. 그림책 『강이』에 나온 것처럼 산과 바다가 지었나요?

강이는 이름에서 풍기는 의젓함 따위는 없는, 그냥 천방지축 장난꾸러기 개였어요. 제가 그린 그림책 『강이』는 우리 가족에게 일어났던 일을 옮긴 책인데요. 어느 날, 친구가 동네에서 학대받던 개를 구조했고, 임시 보호 중 저에게 전화해서 다짜고짜 "너희 집에 마당이 있지?"하고 물어봤지요. 워낙 개를 좋아하지만 십 수 년 키우다가 사랑하는 개를 떠나보낸 기억이 있었던지라 다시 개를 키우는 일이 망설여졌어요. 하지만 그 통화를 옆에서 다 들은 산과 바다는 이미 좋아서 깡충깡충 뛰고 있었죠. 어쩌면 이 또한 좋은 인연이 되겠구나 싶어서 데려오기로 했어요. 그렇게 겁 많은 까만 래브라도리트리버를 만나게 되었죠. 친구가 임시로 돌보는 동안 많이 회복하긴 했지만, 그간 잘 먹지 못해서 유난히 덩치가 작았어요. 처음 차를 타고 저희 집으로 한참을 달려오는 동안 제 무릎 위에서 달달 떨고 있던 따뜻한 몸을 기억해요. 학교에 다녀온 아이들과 드디어 마당에서 서로 만났죠. 그 다음은 그림책 내용 그대로예요. 아이들은 스스로 소개했고, 강아지에게 이름을 지어주었어요.

아이들 이름이 모두 자연과 관련 있는 부분이 흥미로워요.

아이들 이름이 산과 바다라고 하니 주변에서 다들 "그럼 셋째 아이는 이름이 뭐야?" 하고 묻곤 했어요. 자연스럽게 산과 바다는 '강'으로 이어졌죠. "넷째를 낳는다면 '들'은 어때?" 하기도 했고요. 물론 셋째와 넷째 아이는 상상에 그쳤지만, 우리끼리는 막연하게 그다음 식구의 이름은 '강이'가 될 거라고 생각하고 있었나 봅니다.

같은 동네의 촌장님 댁 진돗개들 이름이 '천둥'과 '번개'였어요. 삶이 이름 따라 가는 것이 아니라고 말하고 싶지만, 이 아이들을 떠올리니 절로 고개가 끄덕거려지네요. 천둥과 번개는 정말 목청 크고, 시끄럽고, 호전적이고, 빠른 진돗개들이었거든요. 또 강원도에 사는 아이들의 할머니 할아버지 댁에는 '구름'이라는 고양이도 있었어요. 집 앞에 아침마다 고양이들이 밥을 먹으러 모여들었는데요. 유난히 오래도록 머무르고 두 분께 알은 체를 하는 고양이 한 마리가 구름이라는 이름을 얻었지요. 할머니의 작명의 뜻은 '파란 하늘에 흰 구름 드문드문 있듯, 하얀 바탕에 검은 구름이 드문드문 있어서'라고 하네요. 천둥과 번개, 구름이까지 나왔으니, 산과 바다 다음에 강이 등장하는 것은 놀라운 일이 아니었겠지요?

그림책 『강이』에 세 아이가 이름에 걸맞게 자연 속에서 행복하게 지내는 모습이 나와요. 언제 봐도 마음이 몽글몽글해지는 아름다운 장면이에요.

강이는 명랑하고 산책을 사랑하고 언제든지 놀 준비가 되어있는 개였어요. 바다는 자기보다 키가 큰 강이를 살짝 무서워했지만 그래도 강이와 늘 함께 놀았어요. 책에 나오는 훌라후프 장면은 제가 참 좋아하는 장면이에요. 아이들은 훌라후프를 들고 강이의 관심을 끌려고 노력해요. 불타는 링을 뛰어넘는 서커스단의 사자처럼은 아니더라도, 그 사이를 지나가 주기를 간절히 바랐죠. 하지만 강이는 아랑곳하지 않고 다른 곳으로 발랄하게 가버렸지요. 마당에서 그러고 있는 셋을 바라보고 있는데 웃음이 절로 나면서 '어쩌면 저게 진정한 자유일지도 몰라. 하고 싶지 않은 일을 하지 않는 것이 진정한 자유겠지' 생각했던 기억이 나요. 저와 바다는 끊임없이 강이에게 머리띠를 해주고 꽃목걸이를 걸어주었어요. 강이는 절대로 자세를 오래 유지해주지 않

았지만요. 산이는 놀다가 문득 멈춰 서서 강이의 눈을 한참 들여다보고 안아주곤 했지요. 게으른 가족 탓에 마당은 늘 토끼풀이 무성했는데, 덕분에 강이는 푹신한 토끼풀 카펫에서 뒹굴 수 있어 좋았을 거예요.

그리고 눈… 겨울의 한가운데, 소복한 눈밭의 풍경은 잊을 수 없는 장면이에요. 세상에는 눈이 오면 무조건 달리는 한 글자 생명체가 둘이 있어요. 바로 '애'와 '개'! 밖이 환해서 내다보면 어김없이 눈이 내리고 있고 그 사이를 거침없이 활보하는 까만 점, 강이의 모습은 자유와 환희 그 자체였죠. 아이들과 함께 눈을 맞고, 눈을 먹고, 눈 위를 달렸어요. 그리 넓지 않은 마당은 야트막한 산과 이어져 있었는데, 오가는 이 드문 가파른 산책길은 눈썰매를 타기 딱 좋은 경사였지요. 아이들이 눈썰매를 타고 빠르게 내려가면 강이도 썰매만큼 빨리 뛰었어요. 한 번은 아빠가 강이를 번쩍 안아 태우고 내려간 적이 있어요. 그때 강이의 표정은 뭐라 표현할 말이 없었죠.

세 아이가 함께여서 참 행복했을 것 같아요. 강이가 떠나는 마지막 장면에서는 저도 눈물이 많이 났어요. 강이의 이야기를 그리실 때 어떤 마음이었는지 궁금해요.

강이가 떠나고 빈 마당이 커졌습니다. 그때의 마음을 종이에 옮겨 두고 싶었고, 생생한 그대로의 감정을 전하고 싶었어요. 작업은 금방 진행되었습니다만, 아이들은 책을 보는 것을 힘들어했습니다. 지금도 여전히 그렇고요. 특히 산이는 완성된 책을 딱 한 번 보고 덮어두었어요. 여전히 강이라는 이름을 떠올리는 순간이면 마음 한쪽을 무엇이 덜컥 찌르는 느낌이 들어서 길게 이야기하기는 어려울 것 같아요.

산과 바다에게 큰 의미가 있는 책이라고 들었어요. 산과 바다에게 그림책 『강이』는 어떤 의미로 남았을까요?

옆에 앉아있던 둘째 바다가 이 글을 읽었습니다. 바다에게 몇 마디 적어 달라고 했어요.

바다의 말

"엄마가 답한 내용을 쭉 읽어보면서 결국 눈물이 나왔습니다. 그런데 울면서 아무 생각도 들지 않았어요. 예전에는 강이에 대한 그리움과 죄책감, 추억 같은 것을 떠올리며 많이 울었는데, 이제는 뭘 생각하며 우는 것인지 잘 모르겠어요. 슬픔만 느껴져요. 지금부터 또 몇 번 더 울다 보면 아직 남은 슬픈 감정들도 정리가 되겠지요. 『강이』 책을 읽으며 울지 않은 적이 없습니다. 엄마의 그림책 중 가장 읽기 싫지만 가장 소중하고 좋아하는 책이에요. 책 덕에 강이를 잊지 않을 수 있어요."

**그림책을 통해서 강이는 영원히 기억될 이름이 되었어요.
그림책의 제목을 강이의 이름으로 지은 이유가 있을까요?**
원인은 '눈밭의 검은 개'였어요. 흰 눈 위의 검은 점이 강이
를 생각할 때 가장 강렬하게 떠오르는 이미지였기에 제목
도 그렇게 나왔던 것 같아요. 제 책들은 이름을 잘 지어주
지 않는 특성이 있어서, 그렇게 가제로 지었던 것 같아요.
『파도야 놀자』,『거울속으로』,『그림자놀이』 그리고 최근작
『여름이 온다』까지. 제 책들의 주인공들은 거의 이름이 없
거든요. 주인공이 누구인지보다는 이야기가 펼쳐지는 그
순간과 행위가 중요하기 때문이죠. 그렇지만 강이는 이야
기 속에서 '이름'을 붙여 줌으로써 구체적인 의미를 얻는 과
정 자체가 중요했어요. 그래서 편집자님이『강이』를 책 제
목으로 제안했을 때 받아들일 수 있었어요.

누군가를 이름 짓는다는 건 어떤 의미일까요?
누군가의 이름을 짓는 것은 살면서 할 수 있는 흔치 않은 경
험이라고 생각합니다. 아주 놀라운 일이라고 생각해요. 이
름을 짓고 부른다는 것은 그 존재가 나와의 구체적인 접점
을 마련하고, 이제 더 이상 떨어질 수 없게 되는 사건이에
요. 그 접점은 한 번 생겨나면 양쪽에 흔적으로 남고요.

첫눈처럼 왔던 강이에게

HELLO
MY NAME IS
BONO

헬로 마이 네임 이즈 보노

어떤 이름들은 한국에서도 미국에서도 거의 똑같은 발음으로 들린다. '유진'과
'Eugene' '시아'와 'Sia' '재익'과 'Jake' '예슬이'와 'Ashely'까지. 미국의 위스콘신 주,
그 중에서도 가장 넓은 도시 밀워키에 살고 있는 K-누렁이도 이런 이름을 가지고 있
다. 서울의 길 한복판에서 하염없이 비를 맞던 유기견이 평생 가족을 만나 선물 받은
바로 그 이름. 새로운 고향에 자리를 잡은 지 어언 2년째 되어가는 오늘, 푸른 눈의 외
국인이 이름을 물어도 여유롭게 대답할 수 있다. "My name is 보노(BONO)!"

글·사진 김소이 @bonology | 에디터 박조은

안녕하세요. 넓은 미국 땅을 누비는 K-누렁이 보노와 가족분들 반갑습니다.

안녕하세요. 반갑습니다. 이렇게 글을 쓰게 되니 기분이 묘하면서도 좋네요. 남편인 '찰리'가 글을 쓰고 다듬는 일을 하는데, 저는 옆에서 늘 지켜만 봤었거든요. 보노가 제일 좋아하는 찰리는 여행작가 겸 에디터로 일하고 있어요. 한국에서 13년을 살아서 한국어도 잘 하고 한국 문화에도 익숙하죠. 감정 기복이 크지 않고 꼼꼼한 성격이라 저와 보노에게 누구보다도 큰 안정감을 주는 존재예요. 우리 집 인기순위 부동의 1위입니다. 저는 보노의 전담 포토그래퍼를 맡고 있는 엄마 '소이'입니다. 어리지만은 않은 나이에 이민자라는 타이틀을 갖게 되면서 새로운 땅에 뿌리를 내리기 위해 고군분투 중이죠.

마지막으로 저희 집 보노는 여덟 살 정도 된 진도 믹스 남자아이예요. '짧뚱'한 다리, 관자놀이까지 쭉 뻗은 아이라인, 팔랑이는 수제비 귀, 베이글처럼 동그랗게 말린 통통한 꼬리가 외모적인 매력 포인트죠. 친근한 외모에 비해 성격은 꽤나 독립적이고 시크한 편이에요. 모두와 적당한 거리를 두어야 편하고 갑자기 들이대기라도 하면 바로 뒷걸음질을 쳐버리는, 잡힐 듯 잡히지 않는 녀석이에요.

세 가족이 함께하는 모습이 그 누구보다 행복해 보여요. 그런데 이렇게 완벽한 가족이 되기 전, 보노에게는 다른 이름이 있었다고 들었어요.

2016년 7월 어느 비 내리는 날, 보노는 성북동 스타벅스 앞에서 비를 흠뻑 맞은 모습으로 오가는 사람들의 얼굴을 확인하고 있었어요. 다행히도 구조되어 근처에 있던 앙리 동물병원으로 보내졌어요. 오래도록 수소문했지만 보호자는 나타나지 않았고, 결국 새로운 가족을 찾을 때까지 병원에서 임시보호를 시작했죠. 그렇게 병원 이름을 따서 '앙돌이'라는 새 이름으로 살게 되었어요. 병원에서 새 가족을 기다리며 반 년여를 보냈답니다.

저희 부부는 항상 반려견과 함께하는 미래를 그려왔어요. 보호소와 입양 단체의 SNS에서 유기견 친구들 사진을 보는 게 낙이었죠. 그중 얼굴도, 이름도 귀여운 앙돌이가 기억에 오랫동안 남았어요. 어느 순간부터 입양 홍보를 하지 않길래 가족을 찾았나 보다 생각하고 있었는데, 몇 달 후 다시 홍보 글이 올라왔어요. 나중에 들은 얘기로는 앙돌이를 입양하기로 약속한 가족이 작은 개를 원한다는 이유로 입양을 취소했다고 해요.

당시에 저희는 6년이 넘는 연애 끝에 결혼 준비를 막 시작하고 있었어요. 신혼집을 구한 지 얼마 지나지 않아 앙돌이가 지내는 동물병원이 집 근처라는 걸 알게 되었어요. 문득 앙돌이를 직접 보고 싶다는 생각이 들어 그 길로 바로 달려갔어요. 그렇게 앙돌이에게 첫눈에 반해버렸죠. 결혼식장을 예약하기도 전에, 살림도 갖춰지지 않았던 썰렁한 신혼집에 앙돌이를 가족으로 들였답니다. 저희에게 반려견 입양은 꽤 오랜 시간 구체적으로 꿈꾸며 준비했던 일이었어요. 비로소 환경과 여건이 되어 빠르게 결정할 수 있었던 거죠.

앙돌이에게 새로운 이름을 선물하던 순간이 기억나시나요?

가족과 친구들에게 새 가족이 생긴다는 소식을 기쁜 마음으로 알리며, 앙돌이의 새 이름에 대한 고민도 함께 했어요. 찰리는 제 센스를 전적으로 믿고 작명을 맡겼죠. 하루에도 몇 번씩 "이 이름은 어때? 저 이름은 어때?"하며 결재(?)를 받곤 했어요. 흔하지도 않고, 발음이 쉽고, 적당히 귀엽고, 외모와 큰 이질감 없는 이름을 찾으려고 노력했어요. 여러 가지 후보 중 수많은 조건을 한 번에 충족시키는 '보노'라는 이름이 마음에 쏙 들었죠. 까다로운 찰리도 흔쾌히 결재를 해 줬던 기억이 납니다.

즐거운 한국 생활을 마치고 미국으로 이사를 가셨는데요. 큰 결심이 필요했을 것 같아요.

저희 가족은 여행을 직업으로 삼을 정도로 새로운 세상에 대한 호기심이 많아요. 그러니 어찌 보면 훌쩍 떠나는 것이 저희에겐 크게 힘든 결정은 아니었습니다. 2021년 1월 한국을 떠날 당시는 팬데믹의 중심이었던 시기였어요. 외출도 모임도 제한이 많았죠. 모두와 만나서 작별 인사를 하고 싶었는데 그러지 못한 부분이 아직도 아쉬워요. 하지만 두려움보다는 새로운 시작에 대한 기대감과 희망이 더 컸던 것 같아요. 보노에게 더 넓은 세상에서 신나게 뛰어놀 수 있는 환경을 만들어줬다는 것만으로도 미국에 오길 잘 했다는 생각을 많이 하곤 해요.

미국에서의 하루하루는 어떨지 궁금해요.

아침에 눈뜨자마자 주섬주섬 옷을 입고 산책을 나가요. 그날의 일정과 기분이나 날씨에 따라 짧게는 10~20분 길게는 1~2시간 산책을 해요. 저희가 사는 동네는 호수와 강, 공원이 가까워 보노와 산책하기에 정말 좋아요. 산책을 다녀와서 아침을 먹죠. 이후에는 찰리는 거실에서 저는 방 안에서 각자의 일을 하는데, 보노는 그 두 공간을 왔다 갔다 하며 시간을 보내요. 낮잠을 자기도 하고, 심심하면 장난감을 한 번씩 가져오고요. 퇴근 시간이 다가오면 보노는 간절한 눈빛을 쏘거나 몸을 툭툭 치면서 저희를 압박하기 시작해요. 퇴근 시간을 기가 막히게 알거든요. 그렇게 다 같이 저녁 산책에 나서요. 동네를 걷다가 저녁식사 거리를 사러 가기도 하고요. 또 특별한 일이 없다면 주말 중 하루는 셋이서 오랫동안 산책을 하는데요. 저희는 이 시간을 '슈퍼 워키'라고 불러요. 멀리 교외로 나가서 콧바람을 쐬곤 하죠. 적고 보니 우리 가족은 거의 24시간 매일 붙어 지내고 있네요.

미국으로 가면서 보노의 이름이 'Bono'가 되었어요. 한국에서 부를 때와 발음은 어떻게 달라졌나요?

보노 정도면 단순하고 쉬운 이름이라고 생각했는데, 미국 사람들에게는 생소한 이름이었나 봐요. 한 번에 알아듣는 경우가 거의 없어요! 한 번은 보노를 처음 만난 수의사 선생님께서 차트에 적힌 보노의 이름을 보시고는, 예전에 록밴드 U2의 보컬 'Bono'가 대학 졸업행사에 왔던 일을 얘기하셨어요. 그리고는 보노의 이름을 가수의 이름처럼 '바-노'라고 발음하시더라고요. 저는 어떻게 부르든지 크게 개의치 않는 편인데, 찰리는 "바노가 아니라 보노"라고 매번 정정을 해줘요. 미국은 다양한 문화가 섞여 있는 곳인 만큼 너무나 다양한 이름과 성들이 존재해요. 적는 방법과 발음하는 방법도 다양해요. 스칼렛 요한슨(Scarlett Johansson)과 스칼렛 조핸슨, 밀라 요요비치(Milla Jovovich)와 밀라 요보비치의 경우처럼요. 그래서 이름을 어떻게 발음하는지 알려 주는 게 꽤 자연스러운 일이더라고요.

한국과 미국의 반려문화는 어떻게 같고 어떻게 다를지 궁금해요. 가장 크게 느껴지는 공통점이나 차이점이 있을까요?

'가슴으로 낳아 지갑으로 기른다'고들 하잖아요(웃음). 반려동물에게 아낌없이 사랑을 주는 문화는 한국과 미국이 다르지 않아요. 반려동물 관련 산업이 다양해지고 또 급속도로 발전하고 있는 모습도 비슷하다고 느꼈고요. 하지만 아무래도 미국이 확실히 '반려동물 친화적(Pet Friendly)'인 부

분에서 앞서 있는 것을 느껴요. 호텔, 카페, 음식점, 술집 등 많은 장소에서 반려동물 동반을 환영하는 분위기고요. 같이 할 수 있는 활동이나 같이 갈 수 있는 장소의 범위도 넓어요. 가장 좋은 점은 견종이나 크기에 제한을 두는 곳이 거의 없다는 점이에요. 한국에서 보노랑 여행을 계획할 때에는 견종, 크기 제한이 있는 곳이 많아서 당황했던 기억이 있었는데요. 여기서는 모두가 평등하게 환영받아요. 반려동물과 거주가 가능한 주거옵션도 어렵지 않게 찾을 수 있어요. 특히 반려동물 월세가 따로 마련되어 있는 부분이 신기했어요. 보노도 현재 25불의 월세를 내고 있답니다.

또 놀라웠던 점은 사람들의 매너예요. 처음 보는 개에게 어떻게 다가가 인사해야 하는지 모두가 잘 알고 있어요. 특히 아이들이 항상 조심스럽게 먼발치에서 인사해도 되는지 먼저 물어보고 다가오는 모습이 인상적이었어요. 사실 한국에서는 산책을 할 때 무례한 말을 들을 때도 있었고, 갑자기 소리를 내거나 손을 내밀어 보노를 놀라게 하는 사람들도 종종 있었어요. 그래서 산책할 때 늘 긴장하곤 했는데, 이곳에서는 모두의 배려 속에 마음 편하고 즐거운 산책을 하고 있답니다.

Bono의 이름에서 새로운 뜻을 발견하셨다고 들었어요.

처음 보노라는 이름을 지을 때는 '보노보노'라는 만화 캐릭터를 가장 먼저 떠올랐어요. 귀여운 이름이라고 생각했죠. 그렇게 살다가 어느 날, 이태리어로 좋다고 할 때 "Buono(부오 노)!" 라고 말하는 걸 알게 되었어요. 혹시 보노의 이름과 관련이 있나 검색을 해봤더니 'Bono'는 라틴어로 '좋은, 정직한, 바른, 옳은, 기분 좋은'이라는 의미의 단어더라고요. 'Bon'이라는 어간에 'o'라는 어미가 붙어 만들어진 말이래요. 우리가 잘 아는 'Bonus'라는 단어도 Bono와 같은 뿌리를 둔 이름이라고 해요. 이렇게 좋은 의미까지 있는 이름이니 더 애착이 가요. 의도했던 바는 아니었지만요 (웃음).

Bono라는 이름에 특별한 의미가 숨겨져 있었네요. 보노는 '훌륭한'이라는 뜻을 가진 이름값을 하는 강아지인가요(웃음)?

세상에 완벽한 사람은 없는 것처럼 완벽한 강아지도 없을 거예요. 하지만 보노는 저희에게만큼은 완벽한, 모든 것이 훌륭한, 더할 나위 없는 강아지예요. 한치의 의심도 없이 말이죠. 바뀌는 환경에 쉽게 적응하는 보노 덕분에 큰 걱정 없이 거처를 옮겨 다닐 수 있었어요. 우리 가족이 사랑하는 여행도 함께 할 수 있었고요. 보노는 늘 저를 부지런히 움직이게 하고 더 큰 세상을 알게 해주는 고마운 존재예요.

사실 한국에서 미국으로 넘어오면서 터를 잡기 전까지 변화되는 환경에 적응하느라 몸과 마음이 지칠 때가 많았어요. 한국에서부터 미국까지 변함없이 이어진 한 가지의 루틴을 지켜내는 것이 저의 심신을 다잡는 데에 큰 힘이 되어주었죠. 그 단 한 가지의 루틴이 바로 보노의 산책이에요. 이른 아침에 출근을 해야 할 때도, 결혼식 날도, 그 어떤 바쁜 일이 있어도 보노의 산책은 빼먹은 적이 없거든요. 아무리 힘든 하루를 보냈어도 함께 보내는 시간들이 매일매일을 좋은 날로 만들어준답니다. 가족이라는 안식처는 살면서 어찌할 수 없는 많은 불안으로부터의 피난처가 되어 주는 것 같아요. 함께일 때 가장 편안한 우리 세 가족은 제가 살면서 받은 가장 감사한 선물이에요.

LES AVENTURES DE MILOU

벨기에 만화가 에르제의 〈땡땡의 모험〉은 작가의 조국에서 '국민만화'로 평가받는 동시에 전세계적으로 거대한 팬덤을 형성한 작품이다. 주인공 소년 땡땡(Tintin)이 여러 나라 - 심지어 우주까지도! - 로 모험을 떠나는 것이 기본 스토리로, 그 곁에는 항상 반려견 밀루(Milou)가 있다. 한국에는 만화의 네모난 컷을 넘어 현실의 산과 계곡, 바다를 누비는 콤비가 존재한다. 밀루와 꼭 닮은 외모에 이름까지 똑같은 강아지, 그리고 함께하는 한국의 땡땡. 둘의 모험 일기가 힘찬 발걸음으로 시작된다.

글·사진 이재훈 @_milou_milou | 그림 Tintinimaginatio | 에디터 박재림

네모난 컷을 넘어,
심장이 뛰는 밀루의 모험

우연이 겹쳐 운명으로

이야기는 2017년 영국 런던에서 시작되었습니다. 당시 유럽 여행 중이었는데 강아지와 산책 중인 노부부를 우연히 만났어요. 두 분과 발을 맞추는 강아지에게서 눈을 뗄 수가 없었습니다. 만화 〈땡땡의 모험〉 속 강아지 캐릭터 밀루가 마치 현실로 튀어나온 것 같았거든요. 너무 신기하고 귀여워서 노부부께 견종을 여쭤봤더니 아이리시 소프트코티드 휘튼테리어, 줄여서 휘튼테리어라 불리는 종이라시더군요. 아일랜드의 토종 테리어라는 것도 알게 되었습니다.

땡땡의 모험이라는 작품을 처음 알게 된 건 지인 덕분이었어요. 국내외 아트 포스터와 에디션 판화 등을 취급하는 큐레이션 분야에서 일하는 친구인데, 여러 작품 중 하나가 땡땡의 모험 포스터였죠. 땡땡 옆에 강아지가 너무 귀엽고 에너지도 넘쳐 보이고 활발하고 성격도 좋아 보이더라고요. 현실에도 저런 강아지가 있다면 꼭 만나보고 싶다는 생각을 했는데, 실제로 유럽 여행 중 닮은 친구와 마주치게 되어 정말 신기했습니다.

여행을 마치고 서울로 돌아와 휘튼테리어에 관해 더 찾아

보았어요. 어릴 적 강아지를 키워본 적이 있기 때문에 반려를 할 생각으로 검색을 한 거죠. 국내에선 생소한 견종이라 아무래도 정보가 많지 않더군요. 그러다 예전 휘튼테리어를 데려온 적 있는 분들을 어렵게 알게 되었고, 2018년 4월 7일 오래 기다린 가족을 마침내 만나게 되었습니다. 진작부터 이름이 정해져 있었던 '밀루'를 말이죠.

나만의 우아한 밀루

땡땡의 모험 속 밀루의 특징을 찾아본 적이 있어요. 덕분에 우리 밀루와 어떤 점이 닮았고 어떤 점이 다른지 알게 되었죠. 만화 속 밀루에 관한 소개글을 보면 '깔끔을 떨고 귀한 척 한다'는데 그건 좀 비슷한 거 같아요. 우리 밀루도 뭔가 우아한 움직임이 있거든요. 공격성도, 짖음도 거의 없죠. 테리어 치고는 아주 상냥하고 사교성 좋은 친구입니다. 눈치도 빠르고 조심스러운 편이라 '급발진'하는 일은 거의 없어요.

완전히 다른 건 식탐입니다. 만화 속 밀루는 먹는 것을 향한 욕망을 조절하지 못해서 말썽을 일으키는 경우가 종종 있다는데, 우리 밀루는 정반대예요. 식탐이 없어서 자율 배식을 하죠. 간식 앞에 무너지는 일도 없습니다(웃음).

어디든 함께, 모험의 동반자

밀루를 만나기 전부터 저는 강이나 바다로 캠핑을 떠나고, 산으로 백패킹을 가고, 웨이크보드와 스키를 즐기는 편이었어요. 밀루와 가족이 된 뒤로는 그 즐거움을 더불어 나누고 싶었습니다. 자연 속 뛰놀면 밀루가 더 건강하게 살 수 있지 않을까 싶기도 했죠. 다행스럽게도 밀루 역시 새로운 곳으로 떠나는 것을 좋아하더라고요.

강릉 사천바다로 첫 동반 여행을 떠난 날이 생생하게 떠올라요. 모래사장을 미친 듯 달리고, 밀려오는 파도에 호기심을 보이고… 밀루가 정말 좋아한다는 걸 느낄 수 있었습니다. 그 뒤로 고성 공현진해수욕장, 양양 인구해변 등 바다를 찾을 때마다 밀루와 함께하고 있어요. 계곡도 자주 찾아요. 무더운 여름날이면 시원한 물속으로 뛰어들어 노는 걸 좋아하는 밀루입니다.

평창 대관령 선자령에서의 추억도 잊을 수 없어요. 선자령은 '설산 백패킹의 성지'인데 밀루에게 좋아하는 눈을 실컷 보여주려고 떠났습니다. 저처럼 밀루도 자기가 먹을 밥과 물, 간식 등을 넣은 가방을 메고 산을 올랐죠. 다른 등산객들이 강아지도 백패킹을 한다며 신기해하셨어요. 밀루에겐 첫 겨울 백패킹이었는데 춥고 발도 시리고 바람소리에 겁도 났을 텐데 잘 따라와 주고 때로는 저를 이끌어 주기도 했습니다. 얼마나 대견하고 기특했는지 몰라요.

가을 억새로 유명한 정선 민둥산도 함께 올랐습니다. 정상에서 자유롭게 뛰노는 밀루를 보면서 자연과 참 잘 어울리는 강아지라는 생각을 했어요. 산 근처 식당에서 양을 만나기도 했어요. 휘튼테리어가 아일랜드의 목양견(牧羊犬)이었다는데 정작 밀루는 양을 조금 무서워하더라고요. 양이 다가오면 도망가고…(웃음).

캠핑도 자주 합니다. 밀루는 전용 야전침대를 가지고 있어서 항상 거기서 쉬어요. 가끔 텐트 밖에서 수상한 소리가 나거나 어두운 색깔의 옷을 입은 사람이 지나면 짖어요. 강아지로서 자신의 임무라고 생각하나 봐요.

아무래도 밀루와 같이하는 여행은 신경 쓸 게 많아요. 두 배로 힘이 들죠. 대신 기쁨도 두 배인 것 같아요. 밀루와 함께하면 즐거운 일이 더 자주 생기고 더 많이 웃을 수 있으니까요. 다른 사람들이 밀루를 귀여워하고 예뻐하는 모습을 보면 흐뭇해지기도 하구요.

꾸준한 모험의 비결, 1일 3산책

밀루와 매일 산책을 합니다. 하루에 세 번씩 말이죠. 밀루
가 어릴 때 수의사 선생님으로부터 산책만큼 좋은 게 없다
고 하셔서 자주 함께 걷다 보니 그렇게 습관이 들었어요.
산책할 시간이 되면 밀루는 제 앞으로 와서 아주 공손한 자
세로 앉은 뒤 어떻게든 저와 눈을 마주치려고 합니다. 그러

면 나가지 않을 수 없죠.

집이 남산 근처라서 주로 남산의 정상과 공원 위주를 걸어
요. 걸음수로 하면 하루 1만보 정도입니다. 밀루 덕분에 저
도 같이 건강해지는 거 같아요. 다른 반려인 분들도 그렇겠
지만 저 역시 강아지와 산책에 책임감을 느껴요. 지인들과
약속도 덜 잡게 되죠. 거주지를 고를 때 1순위 기준은 밀루

와 산책할 수 있는 공원이나 산이 있는 곳인가, 가 되었어요.

아일랜드, 스위스… 떠나자 유럽으로
앞으로도 꾸준히 밀루와 자연의 아름다움을 나누고 싶어요. 아직 못 가본 곳이 많으니까요. 외국도 함께 갈 수 있기를 꿈꿔요. 미국이나 유럽에서 반려인과 강아지가 지하철

도 같이 타고 스키장도 같이 가는 모습을 담은 영상을 종종 접하는데, 한국에선 불가능한 일이니까 부럽더라구요.
언젠가 밀루의 고향이라고 할 수 있는 아일랜드로 떠나서 대자연에서 뛰어노는 밀루의 모습을 보고 싶어요. 스위스의 스키장도 꿈의 모험지예요. 밀루가 올해로 5살이 되었는데 더 나이 들기 전에 외국에서 추억을 쌓고 싶습니다.

Tonight,
i'll
FinD YOU
CoCo

Tonight,
I'll Find You.
Coco

코코 미스터리

'이름'을 주제로 이번 호를 준비하며 많은 아이들의 이름을 살펴보았다. 그런데 왜일까? 유독 코코라는 이름이 자꾸만 눈앞에 아른거린다. 정신을 가다듬고 다시 조사에 임하던 중 또 다른 코코를 발견했다. 싸-한 느낌이 사무실을 휘감는다. 통계자료를 보면 볼수록 코코를 향한 의구심은 더욱 더해만 갔다. 그 의구심은 꼬리에 꼬리를 물고 커져, 결국 반려동물 이름 통계 자료를 찾아보게 됐다. 그리고 의심은 현실이 되어 나타났다. 동물등록정보를 기준으로 강아지, 고양이 둘 다 '코코'라는 이름이 1위를 차지하고 있다. 대체 코코가 뭐길래?

에디터 박조은, 최진영

BIRT...

at ...

ENTRY No.

266

1. Date and p...

Twent...

2. Name and su...

George...

3. Se...

Male

5. Name and s...

Act 1981

1981

...erent from maiden surname

AUTHOR	MAFRA of KOREA REPUBLIC
	한국농림축산식품부 동물 등록 정보 기준, 2021

TITLE Top 10 Famous Dog Names

NUMBER	NAME
1	코코 Coco
2	보리 Bori
3	쵸코 Choco
4	콩이 Kong
5	사랑이 Sarang
6	별이 Byeol
7	까미 Kkami
8	똘이 Ddol
9	해피 Happy
10	몽이 Mong

DEMCO 32-239

I,

...k

birth... e copy of the entry of the
...in the register book of births
kept at this Consulate-General.

16 September 1993

RATING

DR. BY

CH. BY

ASSIGNMENT

UNIT Ⓑ

순간 잊고 있던 기억들이 하나 둘 떠오르기 시작했다. 어린 시절 나만 보면 맹렬히 짖던 치와와의 이름은 코코였다. 그 모습을 떠올리니 앙칼지게 짖는 소리가 귓가에 들리는 것만 같다. 그러고 보니 노란 무늬가 매력적인, 늘 잠만 자는 이모네 집 고양이의 이름도 코코다. 어제 운동장에서 만난 초코색 푸들의 이름도 코코였지… 우리가 모르는 사이, 우리의 주변은 이미 수많은 코코들에게 점령당한 것이다. 조용하고 은밀하게 코코는 세력을 넓히고 있었다.

경악에 빠진 채 리서치를 계속하던 중, 또 한 가지 사실을 발견했다. 이웃나라 일본에서도 가장 인기있는 반려동물 이름 1위가 '코코'라는 것. 코코는 세력을 넓혀 일본까지 당도해 있었다. 생각지도 못한 상황에 입이 떡 벌어지고 말았다. 혹시 코코라는 이름에 나만 모르는 비밀이 숨겨져 있는 건 아닐까? 코코들이 이 세상을 집어삼키겠다는 원대한 계획을 세우고 있는 건 아닐까? 전 세계 모든 코코들이 한자리에 모여 통성명하는 상상을 해본다. "안녕 나는 코코야" "하이 마이 네임 이즈 코코. 왓츠 유얼 네임?" "와타시와 코코 데스!"

하지만 아직까지 왜 이렇게 많은 반려동물이 코코라는 이름을 가지게 되었는지에 대해서 밝혀진 바가 없다. 멜로우는 이 현상을 '코코 미스터리'라고 명명하고, 동아시아의 수많은 코코와 보호자들을 대신해 미스터리를 풀어 보기로 했다.

THROWN INTO THE SEA

첫번째 단서, 단어가 가진 이미지

우선 외모에서의 연관성을 찾아보았다. 반려동물의 이름은 외모에서 영감을 얻은 경우가 많으니 합리적인 추론일 것이다. 코코라는 이름을 들으면 진한 초코색의 털을 가진 푸들과 까만 수트가 매력적인 턱시도 고양이도 떠오른다. 이렇게 명확한 이미지가 떠오르는 걸 보니 대다수의 코코는 비슷한 외모를 가지고 있을 것만 같다. 가설을 세운 뒤 코코들의 외모를 분석해 보았다. 점박이 강아지, 까만 털을 가진 강아지, 갈색 푸들, 닥스훈트, 보더콜리, 코리안쇼트헤어 고등어, 회색 샴, 까만 고양이, 브리티시쇼트헤어, 코에 점이 있는 아깽이까지. 수많은 색깔과 무늬, 얼굴들이 쏟아져 나온다. 아무래도 이 모든 외모를 포괄하는 단어는 아닌 듯하다.

ASSIGNM___ ___R. BY _____ RATING

UNIT ⑧ CH. BY _____

두번째 단서, 음성학적 분석

더욱 과학적으로 분석해 보자. 음성학적인 이유가 있지는 않을까? 사람이 부르기 좋은 이름 말고 반려동물이 기억하고 알아듣기 좋은 이름이 따로 있다고 한다. 그런 이름을 짓는 방법에는 몇 가지 원칙이 있다. 첫 번째 원칙은 2음절로 된 짧은 단어일 것. 실제로 강아지와 고양이 모두 인기 있는 이름 3위까지 전부 2음절로 된 이름들이다. 두 번째 원칙은 동물들이 반응하기 쉬운 소리를 넣는 것. 소리 중에는 특히 'ㅅ, ㅈ, ㅋ, ㅌ, ㅎ'의 자음과 쌍자음 'ㄲ, ㄸ, ㅆ, ㅉ, ㅃ' 등이 적당하다. 동물들이 평소에 자주 듣지 못하는 소리라서 주의도와 반응성이 높기 때문이라고 한다. 'ㄴ, ㄹ, ㅁ, ㅇ' 같은 부드러운 울림소리는 그저 흘려보내기 쉽다. 또 양성모음인 'ㅏ, ㅗ' 등이 음성모음인 'ㅓ, ㅜ'보다는 더 밝은 느낌이다. 그러고 보면 코코라는 이름은 이름 짓기 원칙에는 정확히 들어맞는 셈이다. 이렇게 미스터리가 풀리나 싶었지만 놓치고 있던 측면이 고개를 든다. 그렇다면 일본은?

세번째 단서, 외국의 언어

코코가 이름을 펼치고 있는 또 다른 나라, 일본의 언어를 살펴보았다. 일본어로 코코(ここ)는 '여기'라는 뜻이다. 혹은 개개, 하나하나, 한 사람 한 사람이라는 뜻도 가지고 있다고 한다. 아무리 봐도 반려동물의 이름과는 큰 상관이 없어 보인다. 한국과 일본이 아닌 다른 나라의 언어에서 유래된 이름일 수도 있으니 더욱 범위를 넓혀 보기로 한다. 베트남어로 코코(Cò cò)는 사람이 한쪽 발로, 혹은 동물이 다리를 전부 들고 깡충깡충 뛰어다니는 모습을 뜻한다. 반려동물들이 깡충깡충 귀엽게 뛰어다니기는 하지만… 그렇다면 강아지나 고양이보다는 토끼나 고라니의 이름에 더욱 알맞을 듯하다. 프랑스어로 코코(Coco)는 많은 뜻을 가지고 있다. 어린아이들이 하는 말로 '달걀'을 뜻하기도 하고 귀여운 남자아이를 칭하는 말이기도 하다. 나름대로 반려동물 이름과의 연결성이 있어 보인다. 그런데 구어나 멸칭으로는 '별나거나 수상한 놈'을 뜻한다고 한다. 그런 뜻을 가지고 있는 단어는 반려동물의 이름으로 알맞지 않다. 또 다른 유럽 국가 스페인에서는 코코(Coco)에는 무서운 뜻이 있다. 바로 어린아이들에게 공포심을 주는 요괴, 도깨비, 유령이라는 뜻… 점점 외국에서 따온 말은 아닐 것 같다는 생각이 든다.

GRAND BUDAPEST

HOTEL

UPPER NEBELSBAD, ALPINE SUDETENWALTZ

ZUBROWKA

TELEGRAM ADDRESS:

GRANDBUDAPEST (NEBELSBAD)

TELEPHONE

NEBELSBAD 45

네번째 단서, 단어의 의미

이번에는 코코라는 단어에 집중해 단어의 뜻을 찾아보았다. 우리가 모르는 깊은 의미가 담겨 있을 지도 모른다. 코코라고 조용히 읊조려보니 나도 모르게 리듬감이 섞인다. 살며시 손가락을 들어 코를 톡톡 두드려 본다. 어릴 적 엄마와 함께 하던 '코코코 놀이'가 떠오른다. 아이들의 교감과 인지 발달을 돕는 이 놀이가 우리의 기억에 남아 수많은 코코들을 탄생시킨 걸까? 사랑스러운 반려동물을 보면 꼭 내가 낳은 자식 같기도 하다. 그렇다면 어릴 적 부모님과의 좋은 추억이 코코라는 이름을 만들어 낸 걸까? 몰려오는 어린 시절의 추억을 잠시 접어두고 백과사전을 열어 코코를 찾아보았다.

> **코코**[부사] 어린아이가 다치거나 아팠을 때 아프지 말라고 환부를 입으
> 로 불어주는 소리, 또는 그런 모양.

처음 듣는 소리다. 보통 환부를 '호호' 불어 주지 않나? 주변인들에게 설문을 실시했다. "혹시 어머니가 다친 곳을 '코코' 불어주신 적 있어?" 가당치도 않은 소리라며 몰매를 맞았다. 이번 가설은 상처만 남기고 폐기되었다.

INCIDENT REPORT

TITLE : 아모르 코코

EDITOR'S SUMMARY

연이어 계속되는 실패에 에디터는 고민에 빠졌다. 생각을 거듭할수록 코코의 덫에 걸린 것만 같은 기분이다. 에디터들을 한 자리에 모아 의견을 나눠 보기도 했지만 의미 없는 탁상공론만 계속되었다. 코코 샤넬의 준말이다, 코코넛의 준말이다, 혹은 코리아의 반려동물이라서 코코인가? 온갖 의견이 난무하지만 이렇다 할 결론 없이 사건은 더욱 미궁 속으로 빠질 뿐이었다. 그렇다. 책상에 앉아서 하는 조사는 이만하면 되었다. 이제는 직접 행동할 때다. 실제 코코를 찾아가 이야기를 들으며 숨겨진 진실을 파헤쳐야겠다.

SUSPECT DESCRIPTION

PROFILE	
NAME	코코
SEX	남성
AGE	8세
SIZE	소형견
HAIR	갈색 뽀글이
EYE COLOR	까만 콩
NICKNAME	코 대표님
WEAPON	천사 같은 미소

MUZZLE	RIGHT FOOT	LEFT FOOT

"부르기 쉬운데
귀엽기까지 하잖아요."

INTERVIEW

DATE : February. 2023.　|　WEATHER : Cold, Sunny With Pretty Clouds.

저는 코코로 인해 인생이 180도 달라진 사람이자 〈아모르 코코〉의 대표예요. 코코는 8살이 된 갈색 털을 가진 푸들이에요. 외모만 보아도 코코란 이름이 딱 떠오르는 멋진 초코색 털을 가졌답니다. 코코는 간식과 공만 있다면 처음 본 사람에게도 '꼬리 콥터'를 흔들며 쫓아가는 해맑은 아이죠(웃음). 처음 강아지를 데려오고 이름을 정할 때, 인터넷에 '예쁜 강아지 이름'이라고 검색했던 기억이 나요. 수많은 이름들 중에서 저는 '장군이'나 '팔복이'같은 이름을 원했어요. 촌스러운 느낌의 이름으로 지어주면 왠지 더 오래 살 것 같았거든요. 하지만 엄마가 이름 후보들을 하나하나 들으시더니 "코코로 하자!" 하시더라고요. 그냥 그 이름이 가장 잘 어울릴 것 같다고 하셨어요. "코코!" 하고 부르니까 아이가 고개를 갸웃거리며 반응했어요. 그렇게 자연스럽게 코코가 되었죠. 이름이 정해지고 나니까, 이름이 정해지기 전과는 확실히 다른 기분이었어요. 말로 설명하기는 어려운데… 진짜 내 동생의 이름을 지어주는 기분이었던 것 같아요.

제가 운영하는 가죽 제품 브랜드 〈아모르 코코(Amor coco)〉는 반려견 코코에 의해서 탄생했어요. 코코가 아니었으면 생각하지도 못했을 일이었으니 코코의 지분이 엄청나죠. 그래서 종종 '코 대표님'이라고 부르기도 해요(웃음). 반려견과 살게 되면서 정말 많은 제품들을 구매해왔어요. 그중에서도 가장 많이 신경 써서 골랐던 건 산책 용품이었어요. 어릴 적 코코는 어디로 튈지 모르는 발랄한 아이였어요. 그 바람에 산책하다가 잠깐 줄을 놓친 적도 있었죠. 그런 심장이 쿵하고 떨어지는 순간이 있을 때마다 그나마 위로가 되었던 건 이름표의 존재였어요. 코코를 만난 누구라도 이름표에 적힌 제 번호로 연락을 해줄 수 있으니까요. 코코한테 꼭 필요하고, 코코가 착용했을 때 편안하고, 제가 보기에도 예쁜 이름표. 그렇게 만들어진 게 아모르 코코의 이름표예요. 그러니 코코의 이름이 브랜드 이름에 들어가는 건 너무나 당연한 일이었어요.

우리 주변에 코코라는 이름은 생각보다 더 많아요. 산책을 하다가 강아지 친구들을 만나면 서로 이름을 묻곤 하는데요. 제가 "코코예요" 하면 "어? 저희 애도 코코예요!" "어머 저희 애도 코코인데!" 하며 웃음이 터지는 경우가 종종 있어요. 다 함께 웃음이 터진 이후에 자연스럽게 대화가 이어지기도 하고요. 이렇게 다정한 코코 유니버스가 있다는 게 참 좋아요. 세상의 모든 코코들이 항상 건강하고 꽃길만 걸었으면 좋겠어요. 보호자가 부르기 쉽고, 강아지들이 기억하기 쉬운데 귀엽기까지 한 이름 '코코'. 어느새 그 이름은 저의 모든 것이 되었어요. 저에게 코코는 듣기만 해도 마음이 따스해지는 세상에서 가장 소중한 단어예요.

SAME

NAME

멜로우가 처음으로 선보이는 2023 S/S NAME COLLECTION.
시기를 타지 않는 스테디셀러 이름, 주변의 이목을 집중시킬 독
특한 이름, 계절감을 표현할 수 있는 이름까지. 아홉 분의 동명이
멍 댕댕이 디자이너가 소개하는 각자의 콘셉트! 어떤 이름이 우
리의 봄을 빛낼까. 3월을 더욱 사랑스럽게 만들, 소피스티케이트
하고도 미닝풀한 이름들을 소개한다.

에디터 박재림, 박조은, 최진영

SWEETEST CHOCO

01.

02.

03.

01.

나는 2015년 12월 집사를 처음 만나 가족이 됐어. 우리집 작은 집사는 내 털 색깔이 짙고 주둥이가 까매서 '흑설탕'이라고 이름을 지으려 했는데, 왕 집사가 "아냐 얘는 초코야, 송초코!"라고 딱 잘라 말씀하셔서 그때부터 난 초코가 됐어. 보통 초코라는 이름을 들으면 작은 갈색 멍멍이를 떠올리는 데, 나는 몸무게 28kg의 왕멍멍이야! 종종 가는 동물병원에 초코라는 이름의 멍멍이가 8마리나 있는데 나를 빼고는 전부 10kg도 안 되더라구. 아마 전국의 수많은 초코들 중에서 덩치로는 내가 단연 1등이 아닐까?

02.

경기도 구리의 6살 초코라고 해. 태어나고 3살까지는 다른 데서 살았는데 거기서는 더 이상 날 데리고 있기 어려웠나 봐… 그래서 거기를 떠나 지금 사는 곳으로 오게 되었어. 예전 집에서부터 초코라고 불려서 내가 그 이름을 찰떡 같이 알아들으니까 우리 가족은 계속 초코라고 부르기로 했다. 쪼꼬, 쪼꼬미, 촉촉코 같은 애칭으로도 자주 불리고 있어.

내가 갑자기 원래 살던 곳을 떠나 다른 가족과 지내게 되어서 적응을 어려워하지 않을까 걱정이 많았다고 하더라구. 하지만 새로운 가족의 사랑을 받으면서 나는 누구보다 이곳을 사랑하는 집순이가 되었어. 그래도 나 같은 강아지가 앞으로는 없었으면 좋겠어. 펫숍에서 팔린 뒤 파양 되는 그런 멍멍이들 말이야.

03.

안녕, 서울에 살고 있는 3살 같은 2살 김초코라고! 2020년 추운 겨울, 세상에 태어났지. 내 이름은 언니가 붙여줬어. 언니의 할아버지 할머니가 나를 쉽게 부를 수 있는 이름이라면서 말이야. 아기 때부터 나를 아껴주신 할아버지와 할머니는 지금도 "아이구, 우리 쪼꼬"라면서 귀여워해주셔. 가끔 '초코링' '초코삥'이라고 불릴 때도 있지. 언니는 내가 사람 음식은 절대 탐내지 않는다는 걸 신기하게 생각해. 사람 음식 중에는 초콜릿처럼 강아지가 먹으면 위험한 음식도 있다는 걸 잘 알아. 그리고 댕댕이 음식이 맛있는 게 얼마나 많은데 굳이 사람 음식을 욕심 낼 필요도 없지.

01.

03.

02.

01.

안녕, 나는 2021년 3월 강릉의 폐가에서 태어났어. 그리고 3개월 뒤 우리 엄마 아빠를 만났어. 우리는 가족이 되었고 경기도 시흥에서 살아가는 중이야. 내 이름이 왜 버터냐구? 엄마 아빠가 나를 처음 봤을 때 누런 털에 짧고 똔똔한 게 한 덩어리의 버터 같았다나?(오해하지 마. 지금은 완전 롱다리 모델 몸매라구!) 그리구 워낙 토속적인 외모라 오히려 안 어울리게 영어 이름을 지어주고 싶었대. 이름 덕분인지 지금은 BTS 엉아들처럼 많은 사람들에게 사랑을 받으면서 자라고 있어. 얼마 전에는 엄빠 결혼식에서 BTS 엉아들의 노래 〈Butter〉에 맞춰 화동도 멋지게 해냈다구! 요즘은 몇 달 뒤 태어날 동생을 기다리고 있어~ 내가 오빠가 된다니 너무 설레! 곧 만나게 될 라임아, 오빠가 많이 예뻐해줄게.

02.

저는 아름다운 섬 제주도에 살고 있는 4살 버터라고 해요. 새끼들과 이리저리 떠돌아다니다가 2022년 여름 난생 처음 가족을 만나 함께 살고 있죠. 엄마 아빠는 보호소에서 막 나와 목욕을 마친 제 사진을 보고 뽀얗고 부드러운 버터가 생각이 나셨대요. 엄마는 원하는 걸 얻기 위해서는 애교를 부리는 능구렁이 같은 제 모습이 이름과 딱 어울린다네요~ 이름 때문에 간혹 억울(?)한 일이 생기기도 해요. 엄마와 아빠가 가게에서 "버터 챙겼어?"라고 해서 저를 부르는 줄 알고 달려 갔는데 음식 재료인 버터 얘기였던 적이 한두번이 아니랍니다…

03.

나는 '최강버터'야. 2년 전, 아빠가 엄마의 생일을 축하하며 나를 집으로 데려왔지. 내가 다른 리트리버와는 다르게 모색이 버터색(크림색)이라 이름을 짓는 게 어렵지 않았대. 음식명으로 이름을 지으면 건강하고 오래 산다는 얘기도 있고 말이지. 아, 이름 앞의 '최강'은 우리 엄마와 아빠의 성을 합친 거야. 내 살인미소에 많은 사람들이 버터처럼 녹는 모습을 자주 봐. 그럴 때마다 사람들이 내 이름이 너무 찰떡이라고 하는데 엄마아빠가 뿌듯해하는 표정을 보면 나도 기분이 좋아.

BORI N BODHI

01.

02.

03.

01.

나는 이름이 여러 개 있었어. 보호소에 있을 땐 '브이'였고, 임시보호 중엔 '뭉치'라고 불렸지. 새로운 임보처였던 이곳에 와서도 한동안 뭉치로 지내다 입양 후 가족이 되면서 또 다른 이름이 필요하게 됐어. 언니는 진짜 가족에게 부를 평생 이름을 정하는 거라며 오랫동안 고민하더라구. 후보 중에는 '아라'도 있었는데 언니 성인 '박'을 앞에 붙이면 조금 이상하다고 해서 탈락했지. 그렇게 입양 10개월이 지나서야 지금의 이름, 보리로 결정이 됐어. 내가 "보리야~"라고 부를 때 곧바로 반응을 했거든. 언니는 주변 사람들이 내 이름의 의미를 물어보면 "쌀, 보리할 때 보리"라고 말하는데 진짜 의미는 그게 아니라고 나에게 따로 말해줬어. 불교용어 'bodhi'에서 가져온 이름이고 '깨달음'이라는 뜻이 있다고 말이지. 내가 가족들과 함께하면서 깨달음을 얻어 다음 생에는 멍멍이로 태어나지 않길 바라는 마음이라고 하더라. 그런데 사실 나는 언니를 포함한 우리 가족과 지내는 게 너무 행복해서 다음 생에도 이 집 멍멍이로 태어나고 싶어. 언니에게도 아직 말하지 않은 거야!

02.

안녕, 내 이름도 보리야. 3살이고, 부산에서 살고 있어. 우리 가족과 처음 만난 건 경남 창녕의 길거리였어. 찬 바람이 불던 2020년 1월이었는데, 나는 8마리 형제들 가운데 가장 작고 마른 아이였지. 그런 나에게 우리 가족이 손을 내밀어주었어. 내 이름이 보리인 이유는 아주아주 간단해. 몸 색깔이 잘 익은 보리와 똑같았거든. 거기에 강아지 이름을 음식과 관련된 것으로 지으면 건강히 산다는 작은 언니의 의견이 더해졌지. 나와 찰떡인 이름이라 자부심이 있어.

그런데 사실 우리 가족을 만나기 전까지의 나는 이름이 없었기 때문에 가족들이 "보리~" "보리야~" 하고 불러도 나를 향한 말인지 몰랐어. 내 이름이라는 걸 알기까지 사흘 정도 걸린 거 같아. 그 뒤로 가족들이 보리가 아닌 '보'로 시작하는 다른 단어를 말할 때도 나를 부르는 건 줄 알고 뛰어간 기억이 나네, 하하.

03.

난 강원도 인제에 살고 있고 이제 6살이 되었어. 우리 엄마 아빠랑은 2017년에 만났어. 보리라는 작명은 '흔한 이름이 오래 살 수 있다'는 얘기 때문이었대. 그 말처럼 우리 엄마 아빠랑 오래오래 행복하게 살 거야!

우리는 비교적 사람이 없는 시골에서 자유롭게 살고 있어. 이런 곳에서 산책을 하다 보니 나도 모르게 신나서 멀리 갈 때가 있거든? 그때 엄마 아빠가 "보리~!!!" 하고 부르면 무조건 다시 엄마와 아빠 곁으로 돌아와. 어릴 때부터 훈련을 받은 덕분이야. 보리라는 이름의 강아지가 흔하고 흔하다지만 나보다 똑똑한 애는 없을 걸?

What Shape Is Your Name

당신의 이름은 어떤 모양인가요?

어지러운 세상에서 잠시 길을 잃더라도, 너와 나를 다시 만나게 해주는
운명의 붉은 실. 반려견과 함께하는 이들에게 '이름표'는 최소한의 안전
장치이다. 집집마다 하나씩 가지고 있는 이름표에는 또 다른 역할이 있
다. 바로 단 하나뿐인 우리 아이의 이름을 더욱 빛나게 하는 것.

글·사진 댕글댕글 @dogtag_dangledangle I 에디터 박조은

이름표를 만드는 사람들

안녕하세요. 저희는 반려견을 위한 커스터마이징 이름표를 만드는 〈댕글댕글〉입니다. 행복하게 웃고 있는 강아지의 모습을 상상하며 만든 이름이에요. 개를 귀엽게 표현한 '댕댕이'라는 단어와 정답고 환하게 웃는 모양이라는 뜻의 '싱글벙글'을 합친 의미입니다. 또 아가들이 움직일 때마다 달랑거리는 이름표의 모습이 '어딘가에 매달려 있다'라는 의미의 'Dangle'과도 맞아떨어졌죠.

댕글댕글은 두 명의 작가가 참여하는 브랜드인데요. 손으로 직접 만드는 모든 일을 잘하는 최 작가와 패션 디자인을 전공한 신 작가가 함께 만들어가고 있어요. 각자 보더콜리 '최 마요'와 시바이누 '신 뱅구'를 반려하고 있죠. 새로운 디자인이 떠오를 때마다 저희 반려견의 이름표를 제작해 주기 때문에 저희 반려견들은 상당히 많은 종류의 이름표를 갖고 있답니다.

두 작가 모두 반려하는 아이들이 중형견이다 보니 착용할 수 있는 아이템들이 소형견 친구들에 비해 한정적이에요. 그래서 차라리 '내 아이를 위한 이름표를 직접 만들어 보는 건 어떨까?'라는 생각이 들었어요. 그때부터 적합한 재료를 찾고 이름표를 만들기 시작했죠. 만드는 김에 주변 친구들과 함께 사는 강아지들에게도 만들어서 선물했는데 주변인들의 만족도가 높았어요. 아이들이 예쁘게 착용한 모습을 보니 매우 기쁘고 보람찼고요. 이렇게 댕글댕글이 시작된 거죠.

진짜 사나이 '이두식'

'이두식'이라는 아이의 이름표를 만든 적이 있어요. 보호자님께서는 강한 남자의 이미지를 담고 싶다며, 수류탄과 다이너마이트 이미지를 보내주셨죠. 그렇게 강렬한 두 아이템으로 디자인을 했을 때 과연 미적으로 괜찮을지 의문이 들어서 고민을 많이 했어요. 깊은 고민 끝에 밀리터리 패턴 위에 빨간색 해병대 명찰을 올렸어요. 보호자님이 받아 보신 후 정말 크게 만족하시더라고요.

두식이 보호자님께서 후기 사진을 보내주셨던 날이 정확하게 기억이 나요. 댕글댕글의 두 작가가 함께 밥을 먹고 있었는데 메시지 알림이 울렸어요. 확인해 보니 두식이의 이름표 착용 사진을 보내주셨더라고요. 사진 속에는 너무나도 귀엽고 포실 포실한 스피츠 친구의 목에 그 강렬한 이름표가 걸려있었죠. 사진을 본 순간 고개를 들어 서로의 얼굴을 보며 크게 웃었어요. 누가 봐도 강한 남자 이두식을 기대했는데, 온몸이 뽀얗고 반짝이는 눈동자를 가진 스피츠가 보였으니까요(웃음).

백만 가지 이름, 백만 가지 모양

맨 처음에는 몇 가지의 디자인을 정해두고 이름표를 만들었어요. 그런데 이름표 디자인을 보고 색상과 위에 올라간 오브제의 모양을 변경하고 싶다는 요청 사항이 많이 들어왔죠. 보호자분들은 세상에 딱 하나만 존재하는 이름표를 아이에게 선물하고 싶어 하시더라고요.

한 번은 한 보호자님이 저희가 기존에 만들어 뒀던 귤 모양의 이름표를 반려견의 이름인 '홍시, 연시'의 모양으로 변경할 수 있냐고 물어보셨어요. 원하시는 모양으로 제작해 드렸고, 기존 디자인으로 만들었을 때보다 커스터마이징으로 만들었을 때 훨씬 만족도가 높다는 걸 알게 되었어요. 그렇게 커스터마이징 이름표 만들기를 시작하게 되었죠. 이름표의 주인인 그 아이만의 개성을 충분히 담아낸 이름표를 제작하는 게 가장 중요하다고 생각하고 있어요. 보호자님이 만족하고 아이가 돋보일 수 있도록 하는 것이 목표에요.

같은 듯 다른 '방울' '톰' '아토' 삼 남매

의뢰를 받았을 때, 보호자님께서 토마토 이미지를 보내주 셨어요. 처음에는 이름과 모양이 어떻게 연결되어 있는지 인식하지 못하고 단순히 '토마토 모양을 원하시나 보다'라 고 생각했어요. 이름표를 만들고 그 위에 이름을 올리는 순 간, '방울' '톰' '아토'를 이으면 방울토마토를 뜻한다는 걸 깨 달았어요. "이런 센스가!" 하며 무릎을 탁 쳤죠.

방울, 톰, 아토의 이름표를 만들 때에는 전체적인 컬러를 신경 써서 만들었어요. 서로 다른 디자인이지만 세트로 보 이게끔 해야 했거든요. 작은 디테일 하나하나 때문에 보호 자님과 많이 논의했어요. 고리 구멍의 위치, 반질반질 반짝 이는 부분을 표현하는 위치, 이름의 색상 등 심플해 보이는 디자인이지만 보호자님께서 받아 보시고 만족하셨으면 하 는 마음이 커서 신경을 많이 썼답니다.

또 소형견인 아토, 그리고 대형견인 방울과 톰으로 이루어진 삼남매인지라 이름표의 크기도 고민했어요. 소형견 친구가 큰 사이즈의 이름표를 착용하면 이름표가 너무 크게 부각되 어서 시각적으로 부담스러워 보일 수 있거든요. 반대로 중대 형견 친구들이 너무 작은 사이즈를 착용했을 경우에는 이름 표가 눈에 띄지 않기도 해요. 그래서 제작 문의가 들어오면 아이들의 견종과 몸무게를 물어보고 종합적으로 판단한 다 음에 사이즈를 추천해 드리는 편이에요. 예를 들면, 닥스훈 트 친구들은 견종 특성상 다리가 짧고 체고가 낮아요. 그래 서 체중에 맞춰 큰 사이즈의 이름표를 제작하면 몸에 비해 서 이름표가 많이 커 보이더라고요. 같은 체중이더라도 견종 마다 어울리는 사이즈가 따로 있어요.

번개보다 빠른 '아롱이'

이름표에 특별한 의미를 담았던 친구가 있었어요. '아롱이'라는 친구였는데요. 뒷다리가 불편하여 휠체어를 타는 아이였죠. 보호자님께서는 아이가 휠체어를 타고도 정말 빨리 달린다며, 아이의 스피드를 표현할 수 있는 이미지를 원하셨어요. 사람이나 동물이 빠르게 달리는 모습을 보면 '번개같이 빠르다'라는 표현을 하잖아요. 순간 번개의 이미지가 떠올랐고, 다양한 번개의 이미지를 스케치했어요. 용감하고 씩씩하게 행복한 날들을 보냈으면 좋겠다는 마음을 담았죠. 디자인을 보여드렸더니 굉장히 마음에 들어 하셨어요. 그렇게 특별한 의미를 담았던 이름표였던지라 기억에 남아요.

당신의 이름, 작품이 되다

아이들이 유해 물질로부터 자유롭고 안전할 수 있도록 친환경 폴리머 클레이를 사용하고 있어요. 폴리머 클레이를 사용하면 원하는 모양과 색상으로 다양하게 디테일을 구현할 수 있어요. 오븐에 굽고 나면 단단하고 견고해질 뿐만 아니라 완전 방수가 돼요. 또 사이즈나 부피에 비해 굉장히 가벼워지기 때문에 작은 아이들부터 활동량이 많은 아이들까지 모두 착용할 수 있죠.
보호자님이 제작하길 원하는 이름표의 이미지를 보내주시면 그것을 토대로 제작할 제품을 스케치해 드리고 있어요. 더 나아가 추가적으로 완성도 있는 이름표가 나올 수 있도록 저희의 아이디어를 한 스푼 넣기도 해요. 폴리머 클레이의 컬러 종류가 생각보다 많지 않아서 이름표 안에 들어가는 색상을 조색하는 것이 관건이에요. 색상을 만드는 게 첫 번째 과정이죠. 필요한 색상이 모두 만들어지면 큰 틀의 모양을 먼저 제작하고, 그 위에 올릴 오브제를 손으로 하나하나 만들어요. 제작 과정 중에 기술적인 이슈가 생기기도 하는데요. 그럴 때마다 보호자님과 계속해서 대화하며 완성해 나갑니다. 마지막으로 아이들의 이름과 보호자님의 연락처까지 올려 구워 내면 완성이에요. 완성된 이름표는 정성스럽게 포장해서 보호자님께 보내 드리고 있습니다.

이름과 나 그리고 세상을 잇는 일

이름표는 잠시 가족의 손을 놓친 아이들에게 소중한 가족을 찾아주는 중요한 역할을 해요. 반려견과 집 밖을 나갈 때 반드시 함께해야 하는 존재죠. 더불어 이름표에는 다른 사람들이 우리 아이를 다정하게 바라봐 줬으면 하는 마음도 담겨있다고 생각해요. 어떤 존재의 가치는 이름이 불릴 때 더욱 빛나요. 소중함과 애정이 담긴 그 이름 속에는 이름의 주인이 행복하길 바라는 따뜻한 소망과 기원이 고스란히 담겨있죠. 그래서 많은 사람들이 우리의 소중한 반려견의 이름을 불러주었을 때 더 큰 사랑을 느낄 수 있는 것 같아요.

강아지의 이름을 모으는 사람

PERSON
WHO COLLECTS
DOG NAMES

글 백지연 | 에디터 박조은 | 그림 최형윤

"강아지 이름이 뭐예요?"

귀여운 주제에 다리까지 긴 푸들 설탕이와 함께 산 지 3년 차에 접어들었다. 하얗고 동글동글한 외모와 어울리고, 음식 이름으로 지어야 오래 산다는 말도 있고, 내 성인 백 씨와도 잘 어울려서 '설탕'이라고 이름 지었다. 설탕이는 우리 집에 온 첫날부터 거실에서 발라당 배를 뒤집어 까고 잠을 자던 최고의 적응력을 가진 강아지다. 뒤끝도 꽤 심해서 병원에 간 날은 나와 잠을 자지 않고, 필요한 게 있으면 '앙!'하고 분명하게 자신의 의사를 전달하고, 가끔씩 고양이처럼 택배 상자에 들어가는 특이한 녀석이다. 잘 짖고 잘 먹고 잘 자고 잘 싸는 그저 명랑한 설탕이를 만난 후로 대화가 별로 없던 우리 가족은 눈에서 사랑이 쏟아지는 달달한 가족으로 변했다. 이름값을 톡톡히 한다고 말할 수 있겠다.

설탕이와 함께하며 크게 변한 점이 한 가지 더 있다. 바로 나라에 납부한 세금을 잘 사용하게 된다는 것. 산책을 나오지 않았더라면 한 번도 가보지 않았을 동네의 공원 구석구석을 돌아다니게 되고, 계절마다 바꿔 심는 풀과 꽃들을 보며 감탄하게 된다. 집순이인 나를 뜨거운 여름에도, 눈보라가 치는 겨울에도 집 밖으로 나오게 하다니 역시 강아지는 대단하다. 산책을 하다 보면 자연스럽게 수많은 동네 강아지들의 이름을 알게 되는데, 그중에 인기 있는 이름이 여럿 있다. '보리'가 대표적이다. 동네에는 실버 푸들 '보리'두 있고 치와와 '보리'도 있고 믹스견 '보리'도 있다.

동명의 강아지들이 하도 많다 보니 동네 아주머니들께서 "헷갈리니까 출석부를 하나 만들어야겠다"는 말을 던졌다. 그 말을 들은 날부터 강아지들의 이름을 모으기 시작했다. 표면상으로는 강아지들의 이름을 기록하는 것이지만, 사실상 설탕이와의 경험을 기록하는 것이다. 설탕이가 만난 강아지들의 기록이라고 할 수도 있겠다. 함께 공을 가지고 놀았던, 누가 더 빠른지 겨뤘던, 마음이 착해서 마냥 져주던, 간식을 빼앗겼던 강아지까지…

강아지들의 이름을 메모지에 간단히 적어 뒀다가 나중에 책상에 앉아 종이에 옮겨 적는다. 같은 이름인 아이들을 구별하기 위해 털 색깔이나 종, 특징도 같이 적는다. 노트 한 가득 모아둔 이름들을 보면 '세상의 귀여운 단어들이 여기 다 모여 있구나'하는 생각이 든다. 말캉하고 사랑스럽고 알록달록하다. 나나, 카카, 모모, 뀨뀨 같은 반복형과 조이, 송이, 캉이, 훈이, 콩이 등 '-이' 자로 끝나는 이름이 많다. 팝콘, 치즈, 크림, 두부, 호빵, 망고, 젤리 같은 음식 이름도 많고, 구찌와 샤넬 같은 명품 브랜드도 꽤 있다. 너무 길지 않고 받침이 없고 부르기 쉬운 이름들이 꾸준히 불리는 듯하다.

이름마다 사연도 제 각각이다. '에효'라는 강아지가 떠오른다. 이름이 독특해서 보호자님한테 이름의 뜻을 여쭤봤었다. 처음에 집에 왔을 때 몸이 너무 자그마해서 "에효, 너는 언제 크니?" 하고 한탄을 하다가 에효로 지었다고 한다. 이름 지은 사연이 이렇게 귀여울 수가. 신기한 에피소드도 하나 있다. 산책하다가 공원에서 우연히 '건빵이'라고 적힌 이름표를 발견했다. 그냥 내버려 둘까 하다가 주워서 한참을 산책 가방에 넣고 다녔다. 어느 날 우연히 건빵이를 만나게 되어 보호자님에게 건네드렸다. 몇 개월 뒤에 설탕이도 공원에서 이름표를 잃어버렸는데, 신기하게도 건빵이 보호자님이 주워서 보관하고 있었다. 이토록 넓은 공원에서 손바닥만 한 이름표를 찾는다는 건 서울에서 김서방 찾기 격

인데, 어떻게 서로가 서로의 이름표를 발견했을까? 그리고 그날 건빵이의 이름을 물어보지 않았다면 이런 우연이 생길 수 있었을까?

이름에는 가늠할 수 없는 깊은 애정이 깃들어 있다. 인연의 시작은 이름을 통해 이뤄지고, 이름을 부르는 것으로 관계가 쌓여간다. 응집된 사랑의 결정체 같달까. 이름을 부를 때마다 애정이 한 겹씩 더해져서 아이의 삶과 이름이 동기화가 된다. 부르는 사람도, 불리는 존재도 서로에게 특별한 의미가 된다. 설탕이와 함께한 이후로 나에게 행복은 더 이상 추상적인 단어가 아니다. 손으로 만져지는 행복이 존재한다는 사실을 알게 되었다. 말 그대로 행복이 집 안을 뛰어다니고, 눈 뜨면 꼬리를 흔든다. 가만히 눈 감고 토독토독 발소리만 들어도 마음이 행복으로 가득 찬다. 나와 같은 성을 가진 '사람이 아닌 존재'와의 사랑, 이것이 내가 설탕이에게 배운 새로운 유형의 사랑이다.

犬に名前を
つける日

개에게 처음 이름을 지어준 날

이름을 잃어버린 개들이 매일같이 길거리로 쏟아져 나온다. 끝없이 생겨나는 이름 없는 개들을 바라보다 보면 이런 생각이 든다. '이 수많은 개들 모두에게 이름을 찾아줄 수 있을까?' 일본의 한 PD가 개들을 위한 영화를 찍으며 이 질문에 대한 답을 찾았다. 중요한 건 포기하지 않고 앞으로 나가는 것, 그리고 '할 수 있다 못한다'가 아니라 '할 것인가 하지 않을 것인가'의 문제라는 것. 오늘도 생명을 구하려는 사람들의 마음이 모여 작은 이름들을 지켜내고 있다.

자료제공 야마다 아카네 | 에디터 박조은

"개를 위해서 뭔가 해보고 싶어졌어요."

방송국 PD인 '카나미'와 15년 간 함께 살아온 반려견 '나츠'가 무지
개다리를 건넜다. 마음에 슬픔이 가득 찬 카나미는 50년 넘게 다큐
멘터리를 만든 선배를 찾아가 마음을 털어놓는다. 어느새 많이 늙
어버린 선배는 자신을 찾아온 후배에게 이렇게 말한다. "인생은 짧
으니까 어영부영하지 마." 그리고는 개에 대한 영화를 찍을 것을 권
유한다. 어렵게 생각하지 말고 일단 시작해 보라고. 너에게 익숙한
'영상'이라는 언어로 개에 대해 이야기하면 된다고. 지금까지 한 번
도 영화를 찍어본 적이 없는 카나미는 벚꽃이 만개한 봄날, 부슬부
슬 내리는 봄비를 맞으며 생각한다.
'내가 할 수 있을까?'
그녀는 벚꽃이 내리는 풍경을 한참을 바라보다 결국 영화를 찍기로
결심한다. 어떤 것부터 시작해야 할지 고민하던 카나미는 지금껏
가장 가보고 싶지 않던 곳으로 가보기로 한다. 그곳은 바로 안락사
가 시행되는 동물보호센터. 지금까지 외면해왔던 혹독하고 잔혹한
모습을 마주하기로 했다. 이름 없는 개들의 현실과 한 생명이라도
더 구하고자 애쓰는 사람들을 취재하기 시작한다.

대지진 두 달 후에 봄이 왔죠
봄은 번식 시즌이라

대지진 두 달 후에 봄이 왔죠
봄은 번식 시즌이라

"떠돌이 개나, 길을 잃은 개, 주인에게 버려진 개 모두 동물보호센터에 수용되면 '보호견'이라고 불린다."

오늘도 새로운 강아지 한 마리가 목줄에 이끌려 들어왔다. 동물보호센터에 수용되면 모두 이름이 사라진다. 그저 '보호견'으로 불릴 뿐. 작은 철창에 갇혀 생명의 기간이 한정된다. 일주일의 수용 기간 동안 이전 보호자나 새로운 입양자가 나타나 새로운 이름을 얻지 못한 아이들은 모두 안락사된다. 갓 태어나 젖을 먹는 손바닥만 한 아이도, 성격 좋고 건강한 아이도 많지만 보호자가 없이는 살아남을 수 없다. 그렇게 2014년 1년 동안 161,847마리나 되는 반짝이는 생명이 목숨을 잃었다.

한국의 상황 또한 크게 다르지 않다. 동물자유연대의 2021년 통계에 따르면 한 해에 약 117,000마리의 유기 동물이 생겨났다. 코로나 사태로 유기 동물 발생률이 비약적으로 감소한 해의 수치라는 것이 가슴 아플 따름이다. 그 중 30,186마리(25.8%)는 자연사했고 18,369마리(15.7%)는 아무런 선택권 없이 죽음을 맞았다.

"개 이름은 다 외울 수 있어요. 백몇 마리 밖에 안 되니까요."

카나미는 다음으로 〈부모 잃은 개 고양이 구조대〉의 대표 '무로이'를 만난다. 이 단체는 히로시마 지역의 안락사 대상인 모든 강아지와 고양이를 구조하고 돌보고 있다. 무로이는 백 마리가 넘는 강아지와 고양이들을 보호하고 있는 쉼터로 카나미를 데려간다. 먼저 불법 번식 공장에서 구조된 닥스훈트들이 머무는 방에 들어간다. 미니 닥스훈트는 일본에서 한때 엄청나게 유행했던 견종이다. 사람들의 열띤 성화에 힘입어 불법 번식 공장은 열심히 가동되었다. 잠깐의 유행이 끝나자 수많은 아이들이 하얀색 털이 났다는 이유만으로 산속에 버려졌다. 공장에 남은 아이들은 혹독한 환경에서 한참을 지내다가 온갖 병이 생겼다. 카나미는 여러 번의 근친 교배로 인해 생긴 유전병으로 소리도 듣지 못하고 앞도 거의 못 보는 아이, 아픈 채로 방치되어 입 천장에 구멍이 난 아이까지 마주했다.

그중 한 아이는 억지로 켄넬에서 꺼내도 반항하거나 화를 내지 않고 머리를 쓰다듬어도 기뻐하지 않는다. 눈에 빛을 잃은 그 아이를 바라보며 무로이가 말한다. 불법 번식 공장에 있는 개는 감정을 먼저 버린다고. 강제로 교배를 당하고, 좁은 곳에 갇힌 채 계속해서 임신을 하고, 아이를 빼앗기는 곳에서 느낄 수 있는 감정은 끔찍한 것들뿐이니까. 공장의 문이 열렸을 때 느꼈던 작은 희망은 거대한 절망으로 돌아온다는 걸 너무나 잘 알고 있으니까.

"이름 없는 그 개. 지금 뭘 하고 있을까? 어느새, 나는 그 개의 이름을 생각하고 있었다."

카나미와 무로이는 개들이 둘러싼 책상에 앉아 이야기를 시작한다. 무로이는 구조활동을 시작하게 된 계기에 대해 말한다. 워낙 동물들을 좋아하던 그녀는 눈앞의 동물들을 그저 외면할 수 없었다고 한다. 버려진 동물들을 한 마리씩 거두다 보니 어느새 이렇게 많아졌다고.

그러던 중 2011년 3월, 일본에 대지진이 일어났다. 후쿠시마의 모든 지역이 피난 지시 구역으로 지정되었고, 사람들은 모두 다른 도시로 피난을 갔다. 그때 무로이는 사람들이 빠져나간 텅 빈 도시로 향했다. 그렇게 마주한 도시에는 목줄에 묶여 빼빼 마른 개, 돌 사이에 끼인 개, 개들을 피해 음식을 찾는 고양이, 오물 사이에 방치된 채 죽어가는 소까지 수많은 동물들이 살아가고 있었다.

무로이는 몇 달 간 자동차에서 생활하며 버려진 도시에 남겨진 동물들을 돌봤다. 밥을 주고, 물을 주고, 목줄을 풀어주고, 이름을 지어주고, 매일 도시를 돌아다니며 그 이름을 크게 불렀다. 1,400마리의 강아지와 고양이를 구조해냈다. 이런 노력에도 불구하고 정부는 원전 사고 발생 지점 20km 내에 있는 가축 안락사 명령을 내렸다. 지진에서도 살아남은 생명들이 보호자가 없다는 이유로 죽임을 당했다. 무로이는 살리지 못한 생명을 떠올리며 눈물을 훔치다가 이내 힘찬 목소리로 말한다.

"그런 죽음조차 의미 있게 만드는 게 우리가 해야 할 일이라고 생각해요. 안 된다고 생각하면 정말 아무것도 할 수 있는 게 없어요. 아무것도 없지만 일단 해보자는 생각으로 해야 해요. 없으면 없는 대로 계속하다 보면 도와주는 사람이 생기고, 그러다 보면 더 좋은 아이디어가 생기기도 하죠."

이리 온　　　　　　　　　　　이리 온

**"개에게 이름을 지어준다는 것, 그건 생명을 끝까지 책임
진다는 하나의 약속이다."**

집에 돌아온 카나미는 영화를 편집하며 동물보호센터에서
자신이 씻겨줬던 강아지를 계속해서 떠올린다. 그리고 결
국 그 아이를 집으로 데려온다. 그리고 봄이라는 뜻을 가진
'하루'라는 이름을 지어줬다.

"하루, 오늘부터는 여기가 하루 집이야. 너는 어디에서 왔
니? 혼자 힘들었어? 하지만 이제 괜찮아. 오늘부터는 영원
히 함께 사는 거야."

개는 보호자를 선택할 수 없다. 누군가에게 선택받기를 기
다릴 뿐이다. 보호자가 나타나지 않으면 이름도, 머무를 집
도, 앞으로의 삶도 없다. 그러니 인간의 책임은 무겁다. 매
일같이 생겨나는 이름 없는 개들. 개들은 지금도 새로운 보
호자를 만나 새로운 이름이 지어지길 기다리고 있다.

NAME TRAPPED IN CAGES

죽음과 오물이 가득한 불법 개 농장. 그곳에서 구조된 강아지가 한 활동가를 만났다. 활동가는 그의 눈을 마주 보고 이름을 선물했다. 이름을 가진 아이는 그토록 원하던 '살아남을 자유'를 누릴 수 있게 되었고, 건강을 되찾아 이 세상을 살아가는 방법을 배웠다. 그리고 결국 평생을 함께할 가족을 만나 새로운 이름을 얻었다. 아이는 새 삶을 살기 위해 떠나기 직전, 생애 첫 번째 이름을 지어준 활동가에게 감사의 인사를 건넨다. "나에게 이름을 지어줘서 고마웠어요." 활동가는 대답한다. "어떤 이름으로 살던지 네가 행복해지기를 바라."

글 이상경 | 사진 한국휴메인소사이어티인터내셔널(HSI) | 에디터 박조은

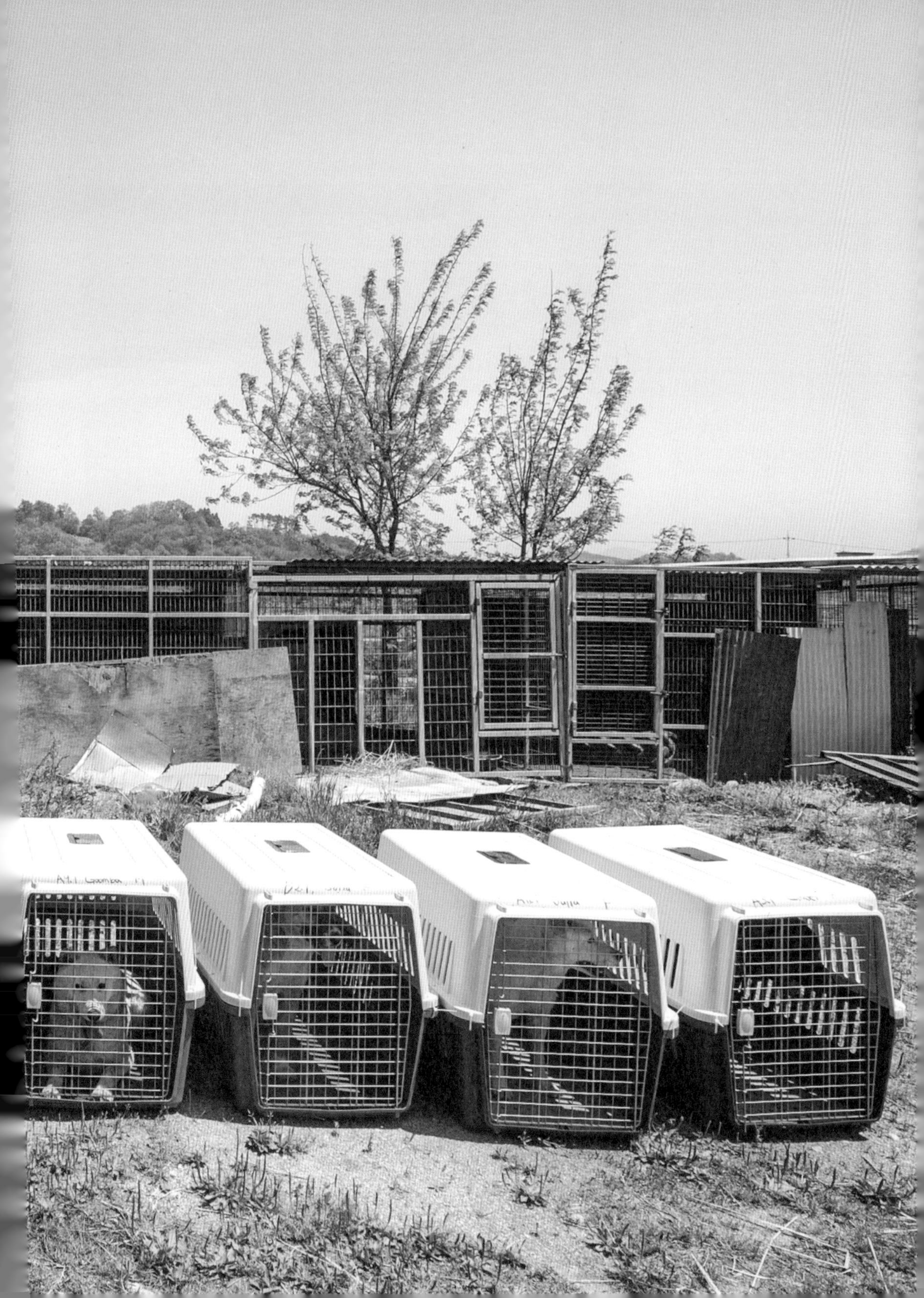

뜬장 속에 갇힌
수백 개의 이름

안녕하세요, HSI의 이상경 팀장님. 불법 개 농장의 강아지들을 구조하시느라 수고가 많으세요. 진심으로 감사드립니다.
안녕하세요. 한국휴메인소사이어티인터내셔널(이하 HSI)에서 개 식용 반대 캠페인을 담당하는 이상경입니다. 저희는 전 세계에서 고통받는 반려동물, 농장동물, 야생동물, 실험동물, 재해 현장의 동물 등을 돕고 그들과 우리가 좀 더 나은 유대를 갖는 사회를 만들고자 노력하고 있어요.

지금 어떤 일을 하고 계신가요?
'Models for Change(변화를 위한 모델)' 캠페인을 주 업무로 하고 있어요. 식용 개 농장을 폐쇄하고 구조한 개들을 케어합니다. 그렇게 어느 정도 준비된 친구들은 해외 입양을 목표로 미국, 영국, 캐나다 등의 쉼터로 이동시키죠. 또,

폐쇄된 이후 농장 운영자들이 동물과 사람 모두를 해하지 않는 방식의 직업으로 전환할 수 있도록 설득하고 함께 고민해요. 나이가 들거나 건강상의 이유로 바로 은퇴하는 분들도 계시고, 밭농사나 그 외 다른 사업으로 전업한 분들도 계십니다.

작년 안산시의 불법 개 농장을 철폐하고 21마리 강아지들을 구조하셨어요. 그날의 기억이 궁금해요.
동물보호단체 'KK9R'로부터 폐쇄 조치를 받은 개 농장에 21마리의 도사견들이 덩그러니 남겨져 있다는 소식을 들었습니다. 남겨진 아이들은 시 보호소로 옮겨져 안락사를 당하거나, 도살장으로 팔려 가기 직전이었죠. 섭씨 33도의 무더운 여름날 구조를 진행했어요. 아침부터 내린 비로 땀이 주룩주룩 흘렀죠. 개들은 갑자기 들이닥친 수많은 사람

들을 보고 흥분했는지 더 크게 짖었고, 저희는 아이들을 한 마리씩 안아서 켄넬로 옮겨야 했습니다. 사실 그날이 제 생애 첫 구조였어요. 급박하게 돌아가는 상황에 정신이 하나도 없었던 기억이 납니다.

개들은 무더위 속 뜬장 안에서 짖고 짖다가 지쳐 침을 흘리며 뜬장 바닥에 누웠습니다. 불쑥 들어온 덩치 큰 사람에게 놀라 웅크리는 아이들도 있었고, 그 작은 공간에서 어떻게든 몸을 숨기려 구석으로 얼굴을 파묻는 아이들도 있었습니다. 놀란 아이들이 흥분을 가라앉힐 때까지 기다렸다가, 천천히 다가가 온몸으로 아이를 감싸 안아 들었습니다. 아이들의 떨림과 축축한 냄새가 제 품에 안겼어요. 그 느낌을 잊을 수가 없어요. 첫 구조에 나선 저와 구조되는 아이들 모두가 새로운 시작을 맞이하는 순간이었죠.

아이들은 뜬장에 갇혀 오랫동안 방치되었을 텐데요. 당시 개 농장에서 처음 만난 강아지들은 어떤 모습이었고, 어떤 상황에 놓여있었나요?

개 농장을 사진으로 한 번이라도 보신 분들을 아시겠지만, 일단 뜬장 밑에는 오랫동안 방치된 똥오줌이 쌓여 있습니다. 여름에는 그 사이를 쥐들이 열심히 뛰어다니고요. 아이들은 배설물을 피해 철창 바닥에 엎드려 있거나, 그것들을 밟으며 이러지도 저러지도 못한 채 안절부절 못하고 있었죠. 그 절망적인 곳에서도 아이들의 성격은 천차만별이었어요. 어떤 아이는 사람과 눈을 마주치는 것조차 두려워 최대한 떨어져 앉아 허공을 쳐다보고, 어떤 아이들은 그 와중에도 천진난만한 표정으로 꼬리를 흔들며 문 앞으로 다가와 관심을 끌었고요.

구조를 위해서는 아이들을 지칭할 필요가 있었을 텐데요. 구조 당일, 이름 없는 21마리의 개들은 어떻게 불렸나요?

다행히도 당시 구조가 진행된 농장이 큰 규모가 아니었기 때문에 구조 당일 모든 아이들에게 이름을 지어줄 수 있었습니다. 보통 처음으로 구조 현장에 나가면 아이들의 특징이 이름을 대신하곤 해요. '저쪽에 있는 어미 도사' '겁 많은 진도' '덩치 제일 큰 도사…' 이렇게만 부를 수 있다면 좋겠습니다만 사실 현장에서는 '귀 한쪽 없는 아이' '피부병 걸린 아이' '모낭충 진도' '사상충 의심 도사' '새끼들 다 죽은 장에 있던 어미' 등 끔찍한 이름으로 구분되는 경우가 더 많죠.

구조 이후에 모든 아이들이 새 이름을 갖게 되었을 텐데요. 이름을 짓던 순간이 궁금해요.

처음엔 이름을 짓는 게 굉장히 어색하게 느껴져서, 아이들 앞에 앉아서 꽤 오래 고심을 했습니다. 두 번째 방문한 날에는 고민이 길어지다 보니 자꾸 이상하고 어색한 줄임말

만 떠올랐어요. '개' 농장을 나와 새로운 가족의 '품'으로 가자는 뜻의 '개품이'는 어떨까? 아니면 새 삶을 살아갈 테니까 '새삶이'? 하지만 이 아이들은 해외로 갈 예정이기에, 외국인이 발음하기 어려운 두 이름 모두 자격 미달이었습니다. 직관적으로 떠오르는 이름이 낫겠다는 생각이 들었습니다. 그렇게 얼굴형도 털 색깔도 도토리와 닮은 도사는 '도씨 성의 토리'가 됐습니다. 점잖고 의젓해서 어딘지 모르게 왕자님 느낌이 들던 수컷 도사견은 '헨리'가 되었죠. 다른 아이들은 구조를 위해 직접 한국을 방문한 저희 글로벌 팀이 이름을 지어주었습니다.

여러 차례 대규모 구조를 진행하셨어요. 수많은 아이들 이름을 짓다 보면 나름의 고충이 있을 것 같아요.

저희 단체가 구조한 아이들은 대부분 해외로 갈 예정이기에 보통은 영어로 된 이름을 갖게 됩니다. 이건 정말 혼자만의 고충인데요. 저는 인생의 대부분을 한국에서 보냈기 때문에 각각의 영어 이름이 주는 그 뉘앙스를 잘 모릅니다. 그래서 발음하기 쉬운 한국 이름, 또는 100% 직관에 의존한 영어 이름을 지어주곤 합니다. 이게 이름이 되는지, 특징과 잘 매칭이 되는지 판단하기 어렵지만 어쩔 수 없습니다. 그래서 해외 구조팀이 들어올 때면 그들에게 아이디어를 구하기도 합니다.

물론 아이들 앞에 앉아서, 혹은 잠들기 전에 곰곰이 생각해봅니다. 그래도 충분한 시간을 들여 지어준 이름이 아니다 보니 미안한 마음이 남습니다. 대신 덩치도 크고 늠름한 수컷 아이를 '테디 베어'라고 부르는 식의 실례는 하지 않으려고 노력합니다. 가끔은 아이들 앞에 앉아 이름 후보 몇 개를 혼자 불러보면서 아이들 반응을 살피기도 합니다. 제멋대로의 해석이긴 하지만, 어떤 아이들은 이름을 듣고는 갑자기 황당한 표정을 짓습니다. 그럴 때면 사과를 전한 후, 바로 다른 이름으로 넘어갑니다.

이 친구들에게 이름이란 사람과 관계 맺기를 시작했다는 증표인 것 같아요.

아이들을 구조해서 해외로 무사히 보내기 위해서는 반드시 이름이 필요해요. 비행기를 타기 위해서는 필요한 서류를 꼼꼼히 준비해야 하고, 병원에 가서 백신 접종도 마쳐야 하니까요. 반면에 개 식용 농장에 사는 아이들은 이름이 필요 없습니다. 나이나 몸무게 같은 정보가 그들이 가진 가치의 전부가 되어버리죠. '비실비실하니 곧 죽겠구나, 새끼를 더 낳겠구나, 복날 전에 살을 좀 더 찌워야겠구나' 정도에 그칠 겁니다.

새로운 이름을 얻은 아이들은 구조 이후에 어떻게 살아가

게 되는지 궁금해요.

안산 개 농장에서 구조된 아이들은 다가오는 3월에 비행기를 타고 미국에 위치한 HSI 보호소로 이동해요. 이제는 '귀 한 쪽 없는 애' '피부병이 있는 진도' 'A-1' 'B-3' 등의 이름이 아니라 '삼순이' '미아' '크렌베리' '잭' 등의 이름으로 당당히 입국할 예정이죠. 그곳에서 건강검진도 받고, 보살핌 아래 건강을 회복하고, 사람들과의 친근한 교류에도 익숙해질 겁니다. 그 이후에 연계된 입양 보호소로 이동하여 그곳에서 진짜 가족을 기다리게 됩니다.

'도사견' '똥개' '누렁이' 등은 우리 사회가 식용으로 기르는 개들에게 무관심하게 지은 이름입니다. 하지만 우리나라가 아닌 다른 나라에서 이 아이들은 소중한 가족으로 받아들여져요. 개를 잡아먹는다는 생각을 애초에 하지 않던 사람들에게 도사견과 똥개와 누렁이는 포메라니안이고 허스키고 보더 콜리랍니다.

이름이 생긴다는 건, 새로운 삶을 만날 기회가 생겼다는 뜻이라고 생각해요. 이름이 생기면 아이들에게는 어떤 변화가 생기나요?

이름을 지어주기 위해서는 그 존재에 대해 생각을 하게 되잖아요. 이리저리 살펴보고, 시간을 보내며, 특징을 캐치하려고 하죠. 그 존재에게 보내는 관심이자 관계의 시작이라고 생각합니다. 다른 존재와 아무런 관계를 맺지 않고 살아간다는 상상을 해보면… 그 삶은 참 아득하고 무섭지 않을까요? 사회 속에서 인간과 함께 살아가는 개들에게도 마찬가지라고 생각해요. 개들이 '아득하다' 같은 감정을 느끼는지는 모르겠습니다. 하지만 확실한 건 이름을 통해 관심과 사랑을 받고, 누군가가 다정한 목소리로 자신을 불러주는 순간은, 분명 개들의 삶에 즐거움이고 행복일 것입니다.

물론 저도 구조하는 아이들 모두와 관계를 맺지는 않아요. 저는 농장주를 설득해서, 아이들을 구조하고, 해외에서 사랑을 나눌 수 있는 평생 가족을 찾을 수 있도록 돕는 튼튼한 중간다리 역할이니까요. 아쉬운 마음이 크죠. 저는 아이들이 평생 가족을 만나 새로운 이름으로 불리면서 행복을 누리는 장면을 실제로 볼 기회가 없으니까요. 다만 제가 지어준 이름으로 평생 머물지 않기를 진심으로 바랍니다. 일상을 공유할 수 있는 진짜 가족을 만나 새로운 이름을 가졌으면 좋겠습니다. 어떤 이름으로 살든지 그 이름 위로 남은 삶 동안 행복한 순간들이 겹겹이 쌓였으면 좋겠습니다.

사지 말고 입양하세요

Hello, I'm Myungseob! I'm Looking For My Family

글·사진 서예빈 @hds_myungseob | 에디터 최진영

명섭 ♂ / 2022년 7월생 추정 / 12kg / 5차 접종완료

"저는 팔랑 귀가 멋있는 8개월 사나이 명섭이에요. 천천히 시간을 가지고 다가와 주세요. 세상에서 가장 소중한 마음을 드릴게요."

명섭이는 경기도 파주에서 발견되었어요. 명섭이를 구조한 시 보호소는 안락사를 진행하는 곳이었기 때문에 공고 기간 후에 동물 단체에서 구조를 진행했어요. 그 당시 아이는 태어난 지 3-4개월 밖에 되지 않은 상태였대요. 임시 보호자를 찾고 있다는 소식을 듣고 보호소를 방문했어요. 그곳에는 인절미 색의 작고 둥근 몸매의 강아지가 저를 기다리고 있었어요. 겁먹은 표정을 한 게 꼭 주인을 기다리는 곰 인형 같기도 했고요. 가여운 얼굴을 보고 난생처음 임시 보호를 신청하게 되었습니다.

명섭이를 데리고 집으로 오던 날, 달리는 차 안에서 아이를 안고 보았던 붉은 노을이 잊혀 지지 않아요. 그때 같이 본 노을이 너무 아름다워서 이름을 '노을'이라고 지을까 생각하기도 했지만, 단체에서 지은 명섭이라는 이름이 잘 어울려서 이름을 바꾸진 않았어요. 아이의 외모가 명섭이란 이름처럼

순하고 수더분하기도 했고요. 트로트 가수 조명섭 씨처럼 축쳐진 눈매가 참 매력적이라고 생각했거든요.

그렇게 명섭이는 저희 집으로 오게 되었습니다. 자동차에서 느낀 제 품이 따스했는지 집에 도착했는데도 뒤를 졸졸 쫓아다니더라고요. 이틀 정도의 시간이 지나니 점차 적응하기 시작했어요. 한시도 눈을 뗄 수 없을 정도로 집안을 헤집어 놓기도 했죠. 우여곡절도 많았어요. 명섭이가 남성에 대한 트라우마가 있었는지 남편을 두 차례나 물었거든요. 당혹스럽고 힘들었지만 명섭이의 미래를 위해서라면 포기할 수 없었죠. 그 후 방문 훈련을 시작했습니다. 훈련 선생님께서는 겁이 많은 아이라 자기 자신을 방어하기 위해 물었을 뿐, 절대 공격적인 아이는 아니라고 하셨어요. 오히려 조금만 가르친다면 정말 좋은 반려견이 될 수 있는 착한 아이라고 하셨죠.

선생님의 이야기처럼 명섭이는 하루가 다르게 친절한 강아지가 되어가고 있어요. 하루 종일 저를 따라다니고 싶어 하지만 제가 혼자 시간을 보내고 싶을 때는 켄넬에서 낮잠을

자며 기다려 줘요. 제가 씻으러 가기만 해도 무섭다며 울던 아이가 이제는 혼자서도 잠도 자고, 장난감도 가지고 놀며 시간을 보내요. 남편과도 천천히 호흡을 맞춰 가더니 최근에는 먼저 다가가 애교를 부리기도 했어요. 매일매일 몸과 마음이 성장해 가는 명섭이를 보고 있으면 새로운 가족을 만나 함께할 아이의 미래가 기대되요.

명섭이는 유쾌한 강아지에요. 명섭이와 함께 있으면 웃음이 끊이질 않아요. 화장실만 다녀와도 물개처럼 춤추며 반겨주고, 눈만 마주쳐도 웃으며 다가와요. 보호자와 깊게 교감할 줄 아는 강아지랍니다. 겁이 많은 성격이라서 앞으로도 꾸준한 사회화 교육이 필요해요. 시간과 마음의 여유를 가지고 천천히 다가가 주신다면 누구보다 큰 사랑으로 보답할 아이에요. 아직 어리긴 하지만 지금까지 마킹을 하거나 다리를

들고 소변을 보지도 않았어요. 대변도 무조건 배변 패드에 하는 깔끔한 성격이죠. 명섭이는 아직 성장기인 아이에요. 대략 20kg까지 성장할 것 같아요. 그렇다 보니 입양될 가정의 환경이 아이가 편하게 생활할 수 있는 곳이었으면 해요.

명섭이는 트라우마를 느낄 때만 작게 짖고 평소에는 거의 짖지 않아요. 또 다른 강아지 형제자매들과 즐겁게 지낼 수 있는 둥근 성격을 가졌어요. 자동차 문이 열리면 스스로 타기도 하고 이동 중엔 잠을 자요. 꼬불꼬불한 길이 아니라면 멀미도 잘 하지 않아요. 여행 친구로도 최고랍니다(웃음). 목욕과 빗질도 잘 하고, 옷 입는 것도 좋아하는 멋을 아는 강아지죠. 평생 반려할 가족을 찾고 계시다면 명섭이를 주의 깊게 봐주세요. 늘 반짝이는 눈에 가족을 한가득 담는, 진심을 전하는 강아지랍니다.

2023 대한민국 개 식용 현황 보고서

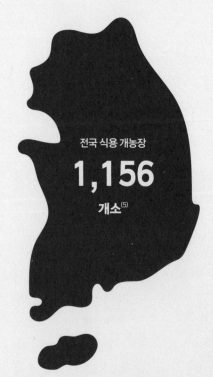

전국 식용 개농장
1,156
개소(5)

1. 식용 개농장 숫자
- 2017년 기준, 전국에는 약 2,800개의 개농장이 존재했다.(1)
- 2,800개의 개농장 중 50% 이상 폐업했을 것으로 예상(2)

사육 중인 개의 숫자(3)
약 **56**만 마리

전국 보신탕집(4)
약 **1,600**개

2. 죽기 위해 길러지는 개들
- 전국에서 사육 중인 식용견은 약 52만 마리, 연간 약 40만 마리의 개들이 식용으로 유통되고 있을 것으로 추정(6)
- 동물구조단체 HSI Humane Society International 한국지부의 2020년 식용 개 농장 구조 당시 마스티프, 골든리트리버, 푸들, 포메라니안, 래브라도 리트리버 등 다양한 견종이 발견되었다. 천연기념물인 진돗개 또한 식용 목적으로 팔리고 있는 상황이 확인되고 있다.

약 **400,000**마리 유통

전국 식용견
약 **52**만 마리

---

(1) 카라 「세계 유일 식용 개농장 실태조사」 2017
(2) 경기도와 카라 「동물생산업체 등 실태조사보고서」 2021
(3),(4),(5),(6) 농림축산식품부 「식용 개 사육, 유통 실태조사」 2022

3. 불법으로 자행되는 도살

- 전기봉을 입에 물리는 방식 41%, 전기봉으로 몸 아무 곳을 마구잡이로 찌르는 방식 57%[7]
- 동종의 동물이 보는 앞에서 도살 된 경우 99%[8]

전기봉을 물고 죽는 **41**%의 개들

전기봉에 찔려 죽는 **57**%의 개들

동종의 동물 앞에서
도살된 개 **99**%

동물보호법 제 8조(동물 학대 등의 금지) '정당한 사유 없이 신체적 고통을 주는 행위'는 동물 학대로 금지되었다. 2020년 4월 9일, 대법원은 '개 전기도살 사건'에 대하여 역사적인 유죄 판결을 내렸다. 하지만 눈에 보이는 상해가 없다면 '신체적 고통'의 유무는 담당 공무원의 자의적 판단에 근거한다.

4. 모순된 법 조항

개고기 판매는 불법

- 식품의약품안전처 식품 공전에 따르면, 식품원료 분류에 소와 돼지 등은 있지만 개는 포함되어 있지 않다. 식품 위생법은 식품 원료가 아닌 재료로 음식을 만들어서 판매하는 행위를 금지하고 있다. 그러니 식약처는 개고기 판매에 대해 영업 정지나 행정 처분을 내릴 수 있다.

그런데 개 농장은 합법?

- 농림축산식품부의 현행 축산법상 개는 '가축'으로 분류된다. 즉, 관련 법에 따라 일정한 조건을 갖춘 개 사육장은 운영이 가능하다.

2010 - 2016
전국 개농장 행정처분
연 평균 **3.64**개[9]

---

(7),(8) 2020년 동물해방물결과 국제 동물권 단체 '동물을 위한 마지막 희망(LCA)'가
한국 개 식용 산업 핵심 루트인 개 도살장, 경매장, 농장 6곳을 약 8개월간 잠입 조사한 결과
(9) 카라 「세계 유일 식용 개농장 실태조사」 2017

#식용견은_없다
#사회적합의는_끝났다

SAY NO

TO DOGMEAT

〈뜬장〉 A Floating Cage, 2022

애니메이션은 잔혹한 내용을 보다 대중적으로 다룰 수 있어 더 많은 사람들에게 쉽게 다가갈 수 있죠. 또 표현하고자 하는 메시지를 제약없이 자유롭게 표현할 수 있어요. 덕분에 강아지 한 마리가 태어나서 자라나고 죽어가는 생애를 짧은 영상 안에 넣을 수 있었고, 뜬장을 벗어나 마음껏 달리고 싶은 강아지의 소망을 시각적으로 표현할 수 있었어요.

글·그림 박새연 | 에디터 박조은

〈그만먹개 캠페인 2022〉에서 식용 개 농장의 현실을 애니메이션으로 표현한 작품 「뜬장」을 제작하신 박새연 감독님 반갑습니다.

안녕하세요. 애니메이션을 만들고 있는 박새연이라고 합니다. 지금은 한국예술종합학교 애니메이션과에 다니고 있어요.

감독님이 만드시는 애니메이션에는 항상 동물들이 등장해요. 동물들에 대한 따뜻한 시선이 식용견에게까지 이어져서 〈그만먹개 캠페인 2022〉에 참여하게 되신 건가요?

임순례 감독님과 이진숙 PD님께서 기획하신 〈그만먹개 캠페인 2022〉은 식용견을 주제로 다양한 영상을 제작하고 발행하는 캠페인이에요. 두 분은 캠페인을 조금 더 다채롭고 호소력 짙게 만들기 위해서 실사 영상 뿐만 아니라 애니메이션도 제작되기를 바라셨어요. 그러던 중 제가 만든 애니메이션을 알게 되시고 저에게 캠페인 참여 의향을 물어보셨죠. 당시에 저는 식용견에 대해 깊은 지식이 있지도 않았고, 개 식용 반대 운동에 참여했던 적도 없었어요. 하지만 반려견과 함께 살아가는 사람으로서 '개 식용'이라는 주제에 공감이 되었어요. 또 주제를 듣고 바로 만들고 싶은 영상이 떠올라서 참여하기로 결심했답니다.

「뜬장」 정말 감명 깊게 봤어요. 개 농장에 갇힌 강아지에 대한 표현이 굉장히 현실적인데요. 이런 구체적인 내용은 어떻게 표현하게 되셨나요?

애니메이션 작업을 시작하기 전, 먼저 개 식용과 관련된 리서치를 진행했어요. 실제 불법 개 농장의 사진과 동영상을 많이 찾아봤어요. 잔혹한 모습을 담은 사진이 많아서 리서치가 쉽지만은 않았어요… 식용견으로 태어난 강아지는 태어나서 한 번도 철창 밖의 땅을 밟지 못한 채, 평생 뜬장 안에서 살다가 죽임을 당한다는 이야기를 듣게 되었죠. 실제로 이런 일들을 겪는 개들이 있다는 사실에 마음이 많이 아팠습니다.

잔혹한 실태를 다루다 보니 대중적으로 다가갈 수 있도록 많이 신경썼어요. 보는 사람들로 하여금 감정적인 공감을 강렬하게 불러일으키려고 노력했죠. 그래서 일부러 강아지의 표정, 감정, 행동들을 더욱 사랑스럽게 그려 넣었어요. 불법 개 농장에서 물건처럼 취급되어 살다가 죽임을 당하기에는 너무나 소중한 생명임을 보여주고 싶었거든요. 강아지들의 사랑스러움과 대비되는 잔혹한 실태를 더 강조할 수도 있고요.

연출은 별다른 화면 전환 없이 한 마리의 강아지가 자라는 모습을 그대로 보여주는 방식을 택했어요. 뜬장에 갇혀 음식물 쓰레기를 먹고, 대소변은 청소되지 않아 잔뜩 쌓이고, 물이 없어서 빗물을 마시는 장면들을 가감없이 넣었죠. 그런 모습을 그저 바라보면서 아무것도 해주지 못하는 관객의 시선을 담았어요.

첫 장면에서 강아지가 연노랑색 나비와 함께 놀아요. 뜬장에 갇힌 뒤에는 같은 색 소변을 보고요. 혹시 이 장면에 특별한 의미가 담겼을까요?

의도했던 바는 아니었지만 색다르게 생각해 주셨네요. 감사해요. 소중한 생명이 탄생하고 성장하는 모습을 표현하기 위해 나비와 꽃을 그렸습니다. 그러나 뜬장에 갇히는 순간 강아지의 삶은 망가져 버리고 나비와 꽃은 화면에서 사라지죠. 대소변을 보는 장면은 뜬장의 이름이 왜 '뜬장'인지 이유를 표현하기 위해서 넣었어요. 공중에 떠있는 형태의 뜬장은 강아지들의 건강에 좋지 않아요. 좁은 철 창살위에 간신히 서있다가 다리가 휘어 버리는 아이들도 있고요. 하지만 개 농장을 관리하는 사람에게는 대소변이 철창 아래로 빠지기 때문에 편안한 구조예요. 온전히 사람만을 위한 형태인 거죠.

강아지가 자유롭게 들판을 달리다가 하늘로 날아가는 결말은 여러 방향으로 해석이 될 수 있을 것 같아요. 작가님은 이 장면을 통해 어떤 메시지를 전달하고자 하셨나요?

불법 개 농장에서 뜬장의 문이 열리는 경우는 도살이 결정되었을 때뿐이에요. 주인공 강아지라면 문이 열리는 그 짧은 찰나에 '나도 이제 밖으로 나가서 마음껏 달려볼 수 있을까?'라는 희망을 가질 것 같았어요. 아무리 학대를 받아도 개라는 동물은 희망을 놓지 않고 끝없이 사람을 좋아해 주니까요. 하지만 이야기는 결국 절망하는 강아지의 모습으로 끝이 나요. 강아지의 삶을 옆에서 같이 지켜본 관객분들이 그 좌절감을 함께 느끼고 공감하길 바랐어요

작품을 만들면서 개 식용에 대해 많은 생각이 드셨을 텐데요. 개 식용에 대해 하고 싶으신 말이 있으시다면 편안하게 한 마디 부탁드려요.

작품을 만들면서 '개만 소중한 건 아니다. 다른 동물들도 마찬가지로 소중하다'라는 의견을 받은 적이 있었습니다. 이번에 작업을 진행하며 그 의견에 대해 깊이 고민하고, 제 나름대로의 답을 찾아봤어요. 먼저 식용견은 '닭, 소, 돼지' 등과는 다르게 축산법의 범위 내에 있지 않아요. 그래서 개들은 더욱 기상천외하고 잔혹한 방법으로 죽임을 당하고 있죠. 또 법의 관리를 받지 않기 때문에 조금 더 비위생적인 환경에서 사육돼요. 개 고기가 소위 '보신'으로 알려진 것이 무색할 정도로요.

무엇보다 개 식용에 대한 논의 자체가 동물복지에 유의미한 일이라고 생각해요. 사회적인 논의가 일어나는 것, 그 자체만으로도 정말 소중한 일이죠. 이렇게 많은 사람들이 개 식용에 대해 이야기를 하다 보면, 이 문제에 관심이 없던 분들도 식용으로 길러지고 있는 동물들에 대해 한 번이라도 더 고민하게 돼요. 본인이 할 수 있는 범위 안에서 노력하는 사람이 점점 많아진다면, 착취당하는 동물들이 조금 더 행복할 수 있는 사회가 만들어질 수 있지 않을까 생각하고 있어요.

SAY NO

TO DOGMEAT

SAY NO

TO DOGMEAT

그만먹개 캠페인 2023

짧은 목줄이 제 숨통을 막도록 날 반겨주던 백구는 복날을 넘기지 못했다. 뜨거운 여름 날 집 안에는 된장 냄새가 가득했다. 아직도 그 즈음이 되면 역하게 퍼진 음식 냄새가 코를 찌르는 듯하다. 복날은 누군에겐 짙은 트라우마로 기억된다. 이제는 상처가 될 관행을 버려야 한다. 무엇보다 행복해야 할 복(福)날이니까.

한국은 모순적인 법 조항을 가지고 있다. 식품 위생법상 개고기는 식용으로 사용할 수 없지만, 축산법상 개 사육은 합법이다. 이와 관련한 논의를 계속해서 이어오고 있지만 이렇다 할 결과 없이, 정치인들이 선거철마다 간헐적으로 언급하는 이슈가 되었다. 지지부진하게 진행되는 논의 속에서 개 식용의 조속한 종식을 위해 예술인들이 힘을 합쳤다. 이른바 〈그만먹개 캠페인 2022〉다. '2022년을 한국 개 식용 종식 선언의 해'로 만들기 위해 모인 예술가들이 그들만의 방식으로 힘을 더했다.

예술가들은 동물권 행동 카라와의 협업을 통해 개 식용의 실상을 담은 영상물을 제작했다. 6편의 영상은 〈그만먹개 캠페인 2022〉 유튜브 채널과 동물권 행동 카라의 SNS를 통해 복날 기간동안 순차적으로 공개되었다. 개 식용 산업 철폐에 대한 그들의 강력한 의지는 화면을 통해 모두에게 큰 울림을 주었다. 숏츠, 애니메이션, 뮤직비디오 등 다양한 형태로 표현되어 있지만 예술가들의 진심은 하나다. 좁은 뜬장에 갇힌 개들이 모든 속박을 벗어 던지고 여느 개들처럼 푸른 잔디 위를 전속력으로 달릴 수 있기를, 겁에 질린 두 눈이 다시 세상과 마주할 수 있기를 바라고 있다.

2023년에도 예술가들의 의지를 이어나갈 계획이다. 3편의 영상을 기획 중이며, 기존 100만원 선이였던 예산도 300만원으로 늘렸다. 기존에 비해 3배 정도 늘어난 금액이지만, 영상을 제작하기엔 턱없이 부족한 것이 사실이다. 열악한 환경 속에서도 예술가들은 멈추지 않는다. 5분 남짓한 영상이 불러 일으킬 나비효과를 위해 그들은 오늘도 카메라를 든다.

앞으로 1년 간, 멜로우 매거진이 한 권 판매될 때 마다 1,000원의 수익금을 〈그만먹개 캠페인 2023〉에 전달할 예정이다. 예술가들을 후원하고 콘텐츠를 만들어, 개 식용의 부조리와 잔혹함을 세상에 알릴 예정이다. 이러한 노력이 뜬장안에 갇힌 개들에게 새 삶을 선물하는 데 조금이라도 기여할 수 있기를 진심으로 바란다.

에디터 최진영

발행처
Inc.펫앤스토리

Publisher
옥세일 Seil Ok

Contents Director
김은진 Eunjin Kim

Chief Editor
조문주 Munju Jo

Editor
박재림 Jaelim Park
박조은 Joeun Park
최진영 Jinyoung Choi

Illustrator
최형윤 Hyeongyun Choi

Photographer
스프링 팔레트 Spring Palette

Art Direction & Design
김은진 Eunjin Kim

Senior Designer
최형윤 Hyeongyun Choi

Sales & Distribution
이재호 Jaeho Lee

Management Support
정선국 Sunkook Jung
안시윤 Siyun An

Pubilshing
Inc.펫앤스토리
도서등록번호 제 2020-00135호
출판등록일 2005년 3월 17일
ISSN 2799-5569
창간 2010년 9월 14일
발행일 2023년 3월 3일

Inc.펫앤스토리
경기도 용인시 수지구 신수로 767
분당수지유타워 A동 2102호
767, Sinsu-ro, Suji-gu, Yongin-si,
Gyeonggi-do, Republic Of Korea

광고문의
mellowmate@petnstory.com
070 8671 3423

구독문의
mellowmate@petnstory.com
070 8671 3423

Instagram
magazine_mellow

Web
mellowmate.co.kr